El peso ideal con las combinaciones de los alimentos

**Se puede comer de todo...
si está bien asociado**

Un programa práctico
para disfrutar de la comida
y de un cuerpo sano y esbelto

El peso ideal con las combinaciones de los alimentos
© Gudrun Dalla Via / Red studio red., 1994

Ilustraciones del interior: Carles Baró
Cubierta: P&M

© **Editorial Océano, S.L.**, 1997, 2006
GRUPO OCÉANO
Milanesat, 21-23 – 08017 Barcelona
Tel.: 93 280 20 20* – Fax: 93 203 17 91
www.oceano.com

*Derechos exclusivos de edición en español
para todos los países del mundo.*

*Queda rigurosamente prohibida, sin la autorización escrita de los titulares
del copyright, bajo las sanciones establecidas en las leyes, la reproducción
parcial o total de esta obra por cualquier medio o procedimiento,
comprendidos la reprografía y el tratamiento informático, así como
la distribución de ejemplares mediante alquiler o préstamo público.*

ISBN-13: 978-84-7556-414-2
ISBN-10: 84-7556-414-3
Depósito Legal: B-27175-XLIX
Impreso en España - *Printed in Spain*

9001909010506

Índice

Introducción 7
La mejor manera de utilizar este libro 7
Sobre combinaciones alimenticias 8
No existe una fórmula única 9
Basta con hacer una prueba 9

¿Necesito este libro? 11
El peso ideal 11
   El peso y la salud 12
   El peso ideal 15
   El programa adelgazante 15
   ¿Dieta o dietas? 16
   Una buena regla de vida 18

En la práctica 21
El programa cotidiano 21
   10 reglas de oro 22
El programa desintoxicante 34
   Las fibras no sólo son un «lastre» 36
   Un día de desintoxicación por semana 39

El programa de rotación 48
  Un paso más: desensibilizar el organismo 49
  Para terminar 66
Un secreto: saber condimentar 67
  No a los «sabores simulados» 68
  No a la monotonía 68
  Los condimentos 69
Sugerencias para no fracasar 78
  Varios consejos más 79

Comprender el porqué 93
Desaparecen los mitos 93
  ¿Demasiadas grasas alimenticias? 93
  Las calorías 95
  Los laxantes 96
  Los líquidos 96
  ¿Carbohidratos o proteínas? 98
  Peso y constitución 100
  Peso y hormonas 101
  Comer fuera de casa 102
Comer de todo... pero no todo junto 103
  Comer «bien combinado» 105
  Alimentos ácidos y alcalinos» 106
La calidad en primer lugar 108
  A partir del origen 109
  Siempre es mejor fresco 111
  Productos de temporada 111
  No matemos los alimentos durante la preparación 113
  Lo integral es mejor 114
  No olvidemos ciertos cereales 117
  ¿Un «batido» en lugar de comida? 118
  Cuidado con forzar 119
¿Ayunar para adelgazar? 121
  Se modifica el metabolismo 122
  Se altera la relación con la comida 122

ÍNDICE

¿Por qué desintoxicarse? 124
   Las dietas depurativas 125
Variar también ayuda a mantener la línea 126
   Los ritmos de la naturaleza 126
   Diferencia entre alergia e intolerancia 127
   La intolerancia es un obstáculo 132
   Un estilo sano de vida... 133
   Alimentación «de rotación» 133

En Latinoamérica se dice... 137

Apéndice 141
Menú para una semana 142
Menús bien combinados para las cuatro estaciones 144
Recetas bien combinadas para las cuatro estaciones 148
Más información 163

Introducción

La mejor manera de utilizar este libro

Este libro está dividido en cuatro partes precedidas por un capítulo introductorio sobre las combinaciones alimenticias, en general.

La primera parte, «**¿Necesito este libro?**», es una lectura obligada para acceder a los programas alimentarios que constituyen la propuesta práctica de este manual. Los breves capítulos *El peso ideal* y *Dieta o dietas* te ayudarán a aclarar el problema de peso y qué tipo de «dieta» es la más adecuada para cada persona.

Una vez determinadas tus exigencias, pasaremos a la sección «**En la práctica**», en la que encontrarás indicaciones útiles para resolver cada problema de peso.

En *El programa cotidiano* se describen las «10 reglas de oro» que hay que seguir para alimentarse de forma correcta, combinando bien las comidas para conseguir el peso ideal.

El programa desintoxicante es más avanzado y por ello sólo se recomienda leerlo después de interiorizar bien las reglas del capítulo precedente. *El programa de rotación* resulta muy útil en las situaciones en las que hay que descubrir una posible intolerancia alimenticia (problema mucho más frecuente de lo que se cree).

La tercera parte, «**Comprender el porqué**», ofrece la posibilidad de ampliar tus conocimientos sobre las combinaciones alimenticias y los programas propuestos en la sección práctica.

En el capítulo *Comer de todo... pero no todo junto* encontrarás la clave para comprender por qué las combinaciones alimenticias funcionan de verdad, no sólo como sano modelo alimentario, sino como dieta para conseguir y mantenerse con el peso ideal.

Para terminar, en *Más información* encontrarás referencias bibliográficas para profundizar en todos los temas del libro.

Sobre las combinaciones alimenticias

Desde que se empezó a hablar del tema ya hace varios años (consulta *Las combinaciones alimenticias*, publicado por Editorial Ibis), las personas que han seguido las «reglas» de las correctas asociaciones entre alimentos, han podido comprobar que combinar bien los alimentos resulta la vía más adecuada y equilibrada para conseguir y mantener, incluso sin esfuerzo, el peso ideal. Muchísimas personas han afirmado que, tras numerosos intentos de controlar el peso (intentos fallidos por motivos varios), han conseguido resultados satisfactorios y duraderos al aplicar estas sencillísimas reglas sobre las combinaciones alimenticias.

Esto no es poco, puesto que las llamadas «dietas adelgazantes» difícilmente conducen a resultados duraderos e incluso pueden entrañar riesgos de la más diversa naturaleza: desde depresión a anorexia, carencias alimenticias, a desórdenes del metabolismo y el temido «efecto yoyó», es decir, a una alternancia de aumento y reducción de peso.

Combinar de forma correcta los menús cotidianos es, sobre todo, una manera de estar sanos para:

- Degustar el sabor de los alimentos.
- Asimilarlos de forma correcta.
- No derrochar valiosas energías en digestiones largas y laboriosas.
- Sentirse ligeros y llenos de energía.

Pero, para saber combinar de forma correcta una comida, todas las comidas, existe una «dieta» que da resultados positivos (inmediatos y que se mantienen con el paso del tiempo) y te ayuda a recuperar y mantener el peso ideal sin contar calorías, ni usar la balanza.

No existe una fórmula única

Como ocurre con cualquier «regla de buena vida» (éste es el concepto original de «dieta», del griego *diaita* y del latín *diaeta*), no existe una fórmula válida para todos.

Para algunas personas será suficiente poner en práctica algunas sencillas reglas en la composición de sus comidas, tanto en casa como fuera (consulta el capítulo *El programa cotidiano*, en la sección «En la práctica»). Esta afirmación es válida sobre todo para personas que ya se alimentan de forma equilibrada y correcta.

En cambio, otras personas deberán prestar más atención a la calidad de los alimentos, que en muchísimos casos puede y debe ser mejorada, tanto para evitar carencias de nutrición, como para mantener sin esfuerzo el peso ideal (consulta el capítulo *El programa desintoxicante*, en la sección «En la práctica»).

Por otra parte, a determinadas personas les convendrá practicar cierta rotación de los alimentos y evitar comer cada día de la semana, y durante todo el año, las mismas sustancias (consultar el capítulo *El programa de rotación*, en la sección «En la práctica»).

Basta con hacer una prueba

Hay que ser conscientes de que este libro, más que una lectura, es una constante invitación a probar. Se trata de preparar comidas agradables, bien combinadas, para que día tras día comprobemos que es posible sentirse (y estar) más ligero y más en forma.

En este libro encontrarás sugerencias muy prácticas y algunas recetas explicadas paso a paso.

Sin necesidad de utilizar conceptos arduos que podrían ser indigestos, entenderemos por qué las combinaciones alimenticias funcionan e incluso podremos conocer ciertos mecanismos fisiológicos que regulan nuestro organismo.

En nuestro recorrido, el *cómo* llegará antes que el *porqué* y la práctica precederá a la teoría.

¿Necesito este libro?

El peso ideal

Parece como si más de la mitad de la población española se planteara esta pregunta. En los Estados Unidos, los porcentajes son aún bastante mayores que aquí, tanto es así que siete de cada diez personas están repetida o permanentemente haciendo régimen.

¿Nos encontramos frente a una mayor concienciación sobre la importancia del peso corporal en relación con nuestra salud? Es evidente que sí. En la actualidad, podemos apreciar un conocimiento más profundo por parte del público sobre la relación entre alimentación y bienestar. En cambio, en lo que se refiere al peso corporal, muchas personas siguen estando condicionadas por viejas creencias o modas pasajeras. De esta forma, para mucha gente un niño hermoso es... «un niño redondito», con brazos y piernas rechonchas y una cara más bien hinchada. Todo esto predispone al niño a tener la misma constitución cuando sea adulto, en un momento en que la regla a aplicar parece ser la delgadez como único modelo de belleza, y son muchos los que siguen frenéticamente los modelos propuestos por personajes con una estructura física completamente distinta a la nuestra.

EL ESPEJO DE LA DISCORDIA

¿Te sientes a disgusto con tu peso? Pues debes saber que estás muy acompañado. Una encuesta reciente realizada en los Estados Unidos indica que a casi la mitad de las personas no les gusta lo que ven en el espejo: concretamente, el 55 % de la mujeres y (un dato que sorprenderá a más de uno) el 41 % de los hombres.

El peso y la salud. El sobrepeso aumenta la exposición a diversos riesgos para la salud. El corazón y el aparato circulatorio deben trabajar más y la estructura ósea, en especial después de cierta edad, puede resentirse por la sobrecarga. Según diversos investigadores, el sobrepeso no sólo reduce la probabilidad de gozar de buena salud, sino incluso la de alcanzar una edad considerable.

Una de las razones de menor longevidad en las personas obesas es que los tejidos lipídicos (es decir los tejidos grasos) están más expuestos a la oxidación y, por lo tanto, al ataque de los radicales libres, considerados responsables del envejecimiento precoz.

UN FALSO PROBLEMA

¿Sientes realmente que tu peso no es el «ideal»? En una prueba realizada entre un amplio número de personas, todas dentro de los límites del «peso-forma» correcto, se descubrió que muchísimas de ellas estaban convencidas de tener un peso excesivo.

Para ser más precisos, la mitad de las mujeres en perfectas condiciones creía que tenían que perder peso y una cuarta parte de los hombres estaban convencidos de lo mismo.

PERO ¿CUÁL ES EL PESO IDEAL?

El que aparece en las revistas y publicaciones de moda no es fiable, e incluso podría entrañar no pocos riesgos para la mayoría de nosotros.

La opinión de amigos y familiares no siempre es objetiva, cuando no es demasiado complaciente. Las tablas más comunes sólo tienen en cuenta la altura y, a veces, el sexo de la persona.

No dan importancia a su estructura ósea, ni a su constitución general, ni la edad, ni al tipo de actividad que realice (por ejemplo, el peso ideal de un deportista musculoso será distinto al de una persona sedentaria con una constitución semejante). A pesar de ello, las tablas de los seguros privados (el sobrepeso se considera un factor de riesgo que aumenta el precio de la póliza) no contemplan siempre todos los factores individuales.

Cómo calcular el tipo de estructura ósea

- En primer lugar, mide la circunferencia de la muñeca y tu altura, en centímetros.
- De la relación entre las dos medidas podrás deducir si perteneces a la categoría A (constitución delgada), B o C (constitución media) o D (constitución fuerte o pesada), o incluso E (constitución robusta).
- Si formas parte de las categorías A o B, podrás considerarte de constitución «longilínea», en cambio si perteneces a las categorías C, D o E podrás considerarte de constitución «normolínea».

Muñeca (cm)	Altura corporal (cm)				
	Inferior a 150	151-160	161-170	171-180	superior a 180
10	A	A	A	A	A
11	A/B	A	A	A	A
12	B	A/B	A	A	A
13	B/C	B	A/B	A	A
14	C	B/C	B	A/B	A
15	C/D	C	B/C	B	A/B
16	D	C/D	C	B/C	B
17	D/E	D	C/D	C	B/C
18	E	D/E	D	C/D	C
19	E	E	D/E	D	C/D
20	E	E	E	D/E	D
21	E	E	E	E	D/E
22	E	E	E	E	E

El peso ideal

- El peso está relacionado con la altura y la constitución física. Por ello, pueden existir diferencias entre el peso de un individuo longilíneo y otro normolíneo.
- El peso ideal, es decir, el de una persona con buena salud, puede variar entre uno y cinco kilos sobre los pesos indicados en esta tabla, en razón de la edad.
- En general, el peso de una persona de 25 años, con buena salud, no debería variar en más de uno o dos kilos del indicado en la tabla. Hasta los 45 años se puede considerar otra variación (normalmente en aumento) de casi medio kilo. A partir de esa edad, el posible aumento no debería superar el medio kilo cada cinco años, para después estabilizarse.

HOMBRE			**MUJER**		
altura (cm)	**peso** (kg)		**altura** (cm)	**peso** (kg)	
	Constitución			**Constitución**	
	longilínea	normolínea		longilínea	normolínea
152	50	53,5	**140**	42,5	47,5
155	51,5	54,5	**142**	43,5	48,5
157	52	55,5	**145**	45,5	49,5
160	53,5	57,5	**147**	46	51,5
162	55,5	59	**150**	47,5	52
165	57,0	61	**152**	48,5	53
167	59,0	62,5	**155**	49,5	53,5
170	60,5	64,5	**157**	51	55
172	62	66,5	**160**	52	57
175	63,5	68	**162**	53	58
177	65	70,5	**165**	54,5	60
180	67,5	73	**167**	55,5	62
182	69	74,5	**170**	57,5	63,5
185	71	76,5	**172**	59,5	65,5
187	72,5	78,5	**175**	61	67,5

¿PESO O PERÍMETRO?

Parece ser que éste es un punto crucial para muchas personas que se ven «gordas», a pesar de que están dentro de los límites de peso-forma y en buenas condiciones de salud. En realidad, cualquier pequeña acumulación de grasas es capaz de desencadenar ansiedad y «dietomanías»: la circunferencia de la cintura en ambos sexos, las dimensiones de las caderas y los muslos en las mujeres.

El peso ideal. Las tablas que se indican en las páginas anteriores te pueden dar algunas pistas más, pero no deben ser consideradas como un valor absoluto para la determinación del peso ideal.

En lugar de ello, examina si en tu vida ha habido un periodo en el que te sentías realmente bien y te gustabas. Si han transcurrido muchos años desde entonces, deberás tener en cuenta el aumento fisiológico, que en ningún caso debería superar el 20 %, aproximadamente.

Una vez establecido cuál podría ser tu peso ideal, analiza si tu peso actual gira alrededor del 10 % (arriba o abajo) del indicado en la tabla. Si tu peso es bastante estable desde hace años, no debería ser motivo de preocupación y sólo deberás tener en cuenta ciertas precauciones para mantenerlo en un buen nivel.

Si por el contrario, el porcentaje es mayor y sobre todo si en los últimos meses has notado una tendencia a alejarte de tu peso ideal, es conveniente que establezcas en seguida un programa.

El programa adelgazante. No intentes en absoluto perder muchos kilos en poco tiempo. Sólo conseguirías estropear la piel y los tejidos subyacentes, ya que éstos no tendrían tiempo para adaptarse a la nueva situación y darían como resultado una piel rugosa y apagada. Además, podrían darse desequilibrios metabólicos y, sobre todo, sería más difícil mantener el resultado en el tiempo.

Al realizar pequeños pasos en una primera fase, como los que se indican en el capítulo *El programa cotidiano* en la sección «En la práctica», observarás que tu organismo responderá pronto a las nuevas propuestas que le estás haciendo. En este momento nos volveremos, de forma automática y sin esfuerzo, más atentos a las necesidades de nuestro cuerpo y más exigentes respecto a los alimentos y su calidad.

Si a pesar de estos consejos, precauciones y «trucos» que explicamos en el capítulo *Sugerencias para no fracasar* de la sección «En la práctica», no notaras una clara mejoría que te acerque al peso ideal (y, por supuesto, nos estamos refiriendo tanto a quien tiene exceso de peso como a quien está por debajo de su peso ideal), lee atentamente el capítulo *El programa de rotación*, dedicado a las intolerancias alimentarias y pon en práctica los consejos, porque existen muchas probabilidades de que algún alimento o sustancia te esté impidiendo progresar.

¿Dieta o dietas?

Las dietas están de moda. Una moda que está durando muchos años y que no parece sufrir síntomas de inflexión, a pesar de las numerosas advertencias realizadas por médicos y autoridades sanitarias sobre los riesgos potenciales, y a pesar de que los resultados sean mayoritariamente decepcionantes.

Pero, ¿por qué ponerse a régimen? Los motivos, racionales y emotivos, pueden ser muchísimos. Es bastante lógico pensar que si algo no funciona con nuestro peso o, de forma más general, con nuestra salud, las causas puedan buscarse en nuestras costumbres alimentarias.

Una razón más escondida es la que conduce a las personas que se sienten insatisfechas con su propio aspecto a querer, de forma inconsciente, castigarse imponiéndose estrictas reglas o renuncias.

Después, es evidente que está la fascinación por seguir la moda. Seguir el mismo modelo alimentario que una famosa estrella puede hacernos sentir importantes e incluso tener la esperanza de parecernos un poco más a ella.

Seguir una dieta también da la oportunidad de ocuparnos más de nosotros mismos, de detenernos a pensar un poco más en la elección del menú, en la compra de los alimentos y en su preparación, lo que a menudo nos hace sentir más gratificados.

La palabra «dieta» o «régimen» puede confundir. Para aclararlo un poco debemos distinguir tres conceptos fundamentales:

- **El régimen por motivos de salud.** La mayoría de las veces se trata de una dieta que limita o elimina determinadas sustancias. Por ejemplo, en el caso de los intestinos hay que evitar la ingestión de cualquier alimento que contenga gluten (un tipo de proteína presente en el trigo y el centeno).
En general, se trata de una precaución que deberá prolongarse durante toda la vida.
El mismo principio es válido para otras alergias a determinadas sustancias (consulta el capítulo sobre alergia e intolerancias *Variar también ayuda a mantener la línea*, en la sección «Comprender el porqué»).
El médico también puede recetar una dieta hiposódica, que consiste en limitar la ingestión de sal común o cloruro de sodio, con lo que se deberá prestar un poco de atención a la preparación de los alimentos y sobre todo en su elección en el momento de comprarlos.

- **El «régimen corto» limitado a un cierto tiempo y, quizá, repetido.** Todas las medidas depurativas y desintoxicantes se encuentran bajo esta designación. Se puede decidir limitar la ingestión de un alimento durante un día a la semana o bien beber sólo infusiones, agua, zumos o jugos de fruta y verdura durante uno o varios días, por ejemplo, con los cambios de estación. El periodo siempre está limitado a unas cuantas comidas o unos pocos días y sirve para conceder un momento de pausa al organismo y permitir que se desintoxique.

- **Los modelos alimenticios.** No se trata de regímenes como comúnmente se los conoce, sino de dietas en el sentido original y propio.
Podría tratarse de la elección de un tipo de alimentación lo más sano y natural posible a base de productos integrales, biológicos y frescos. O bien, atendiendo los motivos más diversos, referirse al vegetarianismo o la macrobiótica.
En cualquier caso, es una elección de vida y como tal se aplica, con mayor o menor rigor, cada día y durante amplios periodos. Su finalidad no suele estar estrechamente ligada al peso corporal, sino con metas o ideales más elevados.

Una buena regla de vida. Prácticamente todas las dietas actuales están bastante lejos del concepto original de dieta, que significa «buena regla de vida». Incluso a veces se ha transformado hasta tener el sentido contrario de este sano criterio.

Alimentarse es una necesidad primaria y también la primera satisfacción, ya desde las primeras tomas del recién nacido. Si nuestra relación con la comida no sufre traumas particulares, comer es uno de los mayores placeres materiales que se repiten a lo largo de toda la vida y encierra en sí muchas gratificaciones.

UN BUEN PLATO DEBERÁ:
- Alegrar la vista.
- Estimular el olfato y provocar la famosa «salivación» (se trata de un reflejo condicionado: en cuanto un perfume apetitoso alcanza el cerebro a través de la nariz, de éste parte una señal nerviosa que estimula las glándulas salivares para que produzcan las enzimas más adecuadas para la digestión).
- Satisfacer el instinto primario de alimentarnos, apagando el deseo de tener la comida en la boca y saborearla.
- Transmitir una agradable sensación de saciedad.
- Nutrirnos, es decir, proporcionarnos energía y permitir al organismo la sustitución de las células dañadas o viejas.

«Dieta», en el sentido estricto de la palabra, significa satisfacer todas esas necesidades. Pero en cambio, las «dietas» suelen sacrificar uno o más de los anteriores puntos. Probar alguna de ellas podría servir para alcanzar un objetivo: darse cuenta que en realidad actúan contra natura y que sería mucho mejor conseguir recuperar un instinto sano para poder realizar buenas elecciones en la calidad, cantidad y combinación de los distintos alimentos.

En la práctica

El programa cotidiano

Muchísimas personas en todo el mundo ya han puesto en práctica y con éxito, tanto para su bienestar general como para el peso corporal, la llamada «dieta disociada», basada esencialmente en separar, en las distintas comidas del mismo día, los alimentos de gran contenido proteico de los de gran contenido amiláceo (carbohidratos, almidones).

NO TE OLVIDES

Aquí no estamos hablando de cantidades o calorías. Las necesidades individuales y de cada momento dependen de demasiadas variantes para ser fijadas en una tabla. Deberás regularlas sobre todo según el hambre que tengas. Empieza las comidas con verduras y legumbres crudas y come cuanto quieras. Limítate, en cambio, con el resto de componentes de la comida y observa las reglas generales indicadas en el capítulo *Sugerencias para no fracasar*.

Aquellos que ya conocen el mecanismo de las correctas asociaciones alimenticias, sabrán que también existen otros elementos que pueden hacer poco compatibles los alimentos entre sí.

Sin embargo, empezar a hacer comidas menos complejas y decidirse a consumir el «segundo» con «guarnición» a mediodía y el «primero», siempre con muchas verduras, por la noche, puede ser un primer paso importante que suele dar excelentes resultados, tanto en lo que se refiere al bienestar general, como en el aspecto físico.

Se trata de una alternativa mucho más válida que la propuesta de las dietas «tradicionales», que afirma que hay que comer de todo en cada comida, pero en menor cantidad.

Levantarse de la mesa aún hambrientos es difícil y crea un sentimiento desagradable. Uno tiene la sensación de estar siempre a régimen y privado de cualquier cosa agradable. En estos casos, los resultados suelen ser efímeros y el organismo se siente continuamente agotado.

10 reglas de oro. A continuación, indicamos las 10 reglas de oro para comer de una forma más fácil, sencilla y amiga de la línea:

1. Fraccionar.
2. Beber agua al despertar.
3. Desayunar bien.
4. Tomar un tentempié.
5. Beber antes de la comida.
6. Empezar con verduras.
7. Merendar.
8. Beber antes de la cena.
9. Comer alimentos crudos para cenar.
10. Tomar una tisana o infusión para dormir.

Analicemos a continuación, una a una, las 10 reglas de oro de una correcta alimentación:

1. FRACCIONAR

Haz varias comidas pequeñas.

Los «ayunos» incluso si son breves, de 15 ó 20 horas, pueden provocar que el organismo produzca «reservas» y disminuya la

velocidad del metabolismo (consulta el capítulo ¿*Ayunar para adelgazar?*, en la sección «Comprender el porqué»). De esta manera, al hacer varias comidas pequeñas:
- Disminuyes la sensación de hambre;
- Previenes las ganas de comer cosas poco saludables fuera de las comidas;
- Permites espaciar entre sí, en lo que a ingestión se refiere, alimentos poco compatibles;
- Aligeras el organismo que, de otra manera, estaría cansado debido al consumo de pocas comidas, pero excesivamente abundantes. Y además, es posible que estas últimas estuvieran mal combinadas.

En la **práctica**

A continuación, indicamos una receta de infusión diurética a base de grama.

- Verter en medio litro de agua hirviendo una cucharada de grama (raíz), que podrás encontrar en las herboristerías.
- Llevar a ebullición a fuego lento durante unos 4 minutos. Déjalo en reposo durante otros 4 minutos y filtra.

2. BEBER AGUA AL DESPERTAR
Bebe uno o dos vasos de agua al despertar.
Es una forma para:
- Provocar la diuresis.
- Despertar el metabolismo.

Beber agua fresca o a una temperatura ambiente dependerá de tus preferencias.
No obstante, evita el agua helada o con gas.
También podrías tener en la mesilla de noche una infusión diurética, preparada la noche anterior o, si lo deseas, conservada caliente en un termo.

3. TOMAR UN BUEN DESAYUNO
Una reserva para todo el día.

La costumbre de la mayoría de españoles de tomar sólo un café o poco más al despertar, parece difícil de combatir, a pesar de que desde hace años dietistas y nutricionistas repiten y advierten los perjuicios de este erróneo sistema alimenticio.

Es casi inevitable que descienda el rendimiento a media mañana y además conduce a necesitar un apresurado tentempié que demasiado a menudo suele consistir en el consumo de pastas y dulces para los adultos, y dulces industriales para los niños.

Es posible que el tipo de cena, que suele hacerse demasiado tarde y ser demasiado abundante, sea lo que no predisponga a tomar un desayuno sano. Éste debería ser la base para el rendimiento de toda la mañana.

En cuanto se sigan las indicaciones de la Regla 1 (pequeñas comidas frecuentes y, por consiguiente, una cena más ligera) tendrás más apetito por la mañana. Las personas que descubran el placer del primer desayuno no podrán prescindir de él. Inténtalo, no es tan difícil.

- Empieza quizá con un yogur, al que habrás añadido una pera o una manzana cortada a trozos, o bien con un abundante zumo natural de naranja.
- También puedes tomar una infusión con dos tostadas, a secas o con un poco de miel.
- O un buen requesón con leche y fruta fresca.
- Cereales mezclados con frutas y leche. Los muesli son un alimento energético a base de cereales, frutos secos y/o fruta, leche y/o yogur. Acostúmbrate a cambiar a menudo de tipo de cereales, si decides prepararlos por tu cuenta.
- Es posible que algún día te apetezca un huevo hervido o pasado por agua que podrías acompañar con un tomate maduro y algunos rábanos. Te sorprenderás al comprobar que también el primer desayuno salado puede ser reconfortante.

NO TE OLVIDES

Las 10 «reglas de oro» deberán aplicarse de forma más o menos constante y rígida, dependiendo de las exigencias personales de cada uno. Recuerda que no es en absoluto difícil seguirlas incluso fuera de casa o cuando estés de viaje. Ya verás cómo tu familia se acostumbra muy pronto a estas «reglas de oro», porque combinar bien los alimentos no es ninguna dieta; simplemente es una forma fácil y sana de comer.

4. TOMAR UN TENTEMPIÉ
Recarga pilas a media mañana.

Si tomas un buen desayuno, es más difícil que sufras el clásico desfallecimiento entre las 10 y las 12 del mediodía.
Haz una breve pausa y si tienes hambre escoge una de las siguientes posibilidades:
- Una fruta.
- Un yogur.
- Unas galletas saladas, aunque no en exceso, y a ser posible integrales.

Pero si no tienes hambre, no te esfuerces porque ya no queda mucho para la hora de la comida.
En lugar de eso, puedes beber abundante agua, infusión o zumo de fruta natural.

5. BEBER ANTES DE LA COMIDA
Un buen saciante.

Esto servirá para realizar un correcto aporte hídrico, a menudo descuidado, y aplacará el hambre de lobo.
Recuerda también que, por lo general, no hay que beber durante las comidas. Introducir líquidos suplementarios con los alimentos significa mas-

ticar menos y, con ello, hacer un menor desmenuzamiento e insalivación de los alimentos (no olvidemos que estas fases constituyen la primera digestión).

Además, las bebidas diluyen los jugos gástricos, con lo que hacen mucho más lenta el proceso de la digestión e inútilmente más difícil.

En la práctica

Ocho recetas de ensaladas, dos por cada estación:

- Ensaladas primaverales: canónigo, rábanos y germen de soja. Berro, hinojo y endibias.
- Ensaladas estivales: tomates, pepinos y pimientos. Lechuga, col y remolacha.
- Ensaladas otoñales: berza, apio, nabo y pimientos. Col lombarda, remolacha, pimientos, lechuga o escarola.
- Ensaladas invernales: achicoria, apio y zanahorias. Corazón de achicoria, coliflor y brotes de cereales.

6. EMPEZAR CON VERDURAS

   Empieza la comida con un abundante plato de ensalada o verduras crudas.

   - Concédete siempre este plato de verduras y ensaladas de temporada, condiméntalo a tu gusto, pero evita todos los «condimentos preparados». Decántate por un buen aceite de oliva de primera presión en frío, un poco de sal marina integral, quizás un poco de limón o vinagre de manzana, hierbas aromáticas (lee también el capítulo *Un secreto: saber cómo condimentar*). Cada vez serás más partidario de este plato, que será tu secreto para mantener el peso ideal.
   - Prosigue (si aún tienes hambre) con un plato proteico.

Cuidado

Los lípidos (aceites y otros) sirven para condimentar, no para cocer. Acostúmbrate a cocinar a la plancha, al grill, en una sartén antiadherente o con el agua de las verduras, sin añadir «condimentos» grasos. Éstos se transforman con el calor y pueden pasar de ser compuestos beneficiosos para la salud, a sustancias tóxicas.

En la práctica

¿Y los dulces?
No están prohibidos en absoluto.
Eso sí, tendrás que escoger los que estén elaborados con los ingredientes más naturales posible, no te excedas con las dosis, no comas cada día dulces y sobre todo... nunca al final de la comida. Es preferible comer un poco a media mañana, o a media tarde.

Éstos son algunos ejemplos para unos dulces quizás insólitos para tus costumbres, pero que en seguida aprenderás a apreciar:
- un sorbete;
- un postre de fruta y requesón.

El sorbete
Un sorbete puede satisfacer tu deseo de «dulce», sin pesar excesivamente en la balanza.
Además, es rápido y sencillo de preparar.
Sólo hay que tener fruta (fresca o, incluso, congelada), un poco de miel y agua. Por supuesto, también hay que tener congelador. Asimismo, se puede sustituir el agua por el yogur, para obtener un dulce más cremoso, o por requesón magro para dar mayor consistencia.
A continuación, se indica la receta básica (para 4 personas), que podrá variar según tus gustos y la disponibilidad de materia prima. Ingredientes:
8 kiwis, 1 yogur natural, miel de acacia a tu gusto y (si lo deseas) unas hojas de menta.
Pela los kiwis. Reserva algunos trozos cortados en lonchas para decorar. Trocea el resto con un cuchillo o con la trituradora. Mezcla el yogur y la miel. Vierte la mez-

cla en las copas y pónlo en el frigorífico durante dos horas. Si lo mezclas de vez en cuando, se formarán cristales de hielo más pequeños y por lo tanto se obtendrá un sorbete de consistencia más cremosa. Decora las copas con los trozos de kiwi reservados y las hojitas de menta.

Este sorbete también se puede preparar con fresas, limón, arándanos, moras u otras frutas de tu agrado.

Postre de fruta y requesón
Para preparar esta crema se necesita:
6 cucharadas de requesón, 12 albaricoques maduros, miel (a tu gusto), agua y leche.
Lava y deshuesa los albaricoques.
Tritura los albaricoques con el resto de ingredientes hasta obtener una crema blanda. Sírvelo a temperatura ambiente o tras dejarlo reposar en el frigorífico.

En la práctica

Verduras siempre a punto
- A menudo, la falta de tiempo nos impide comer, antes de la comida, ese plato de ensalada que en el fondo nos gusta o un tallo de apio o zanahoria para aplacar el hambre fuera de las comidas, en lugar de unas galletas. Para evitarlo podrías:

- Mondar, pelar y lavar todas las verduras justo al volver de la compra. La lechuga, bien seca y envuelta en un paño y después introducida en una bolsa de plástico, se conserva perfectamente casi una semana en el frigorífico. Las zanahorias y el apio, una vez limpios, se envolverán en bolsas de plástico o con película plástica para estar siempre a punto. De esta forma, las verduras se pondrán mustias con más lentitud, y su buen aspecto y contenido nutritivo tardarán más en perderse.

- Tener los utensilios o electrodomésticos a mano necesarios para poder cortar a láminas finas o rallar las verduras en poco tiempo.

Si optas por la carne, decántate por la blanca (pollo, conejo o pavo). El pollo deberá consumirse sin la piel porque contiene mucha grasa. Como mínimo dos o tres veces por semana (excepto si eres un vegetariano riguroso) consume un plato de pescado. En este caso, consume los pescados considerados más «grasos», como el pescado azul o el salmón. Este tipo de grasa es un abre-arterias muy conveniente para la salud. No obstante, hay que prestar atención a la manera de condimentarlo y al método de cocción.

También puedes desmenuzar un huevo duro o un trozo de queso sobre la verdura cruda, para hacer el plato más colorido y personal. Las almendras y otras semillas oleaginosas (por ejemplo, las de girasol) son un complemento proteico que condimenta de forma excelente las ensaladas.

También puedes disfrutar de un plato de judías o lentejas, o de cualquier otra leguminosa. En cualquier caso, se trata de un alimento muy proteico. Si puedes, evita comer proteínas animales y leguminosas durante la misma comida (por ejemplo, judías con carne).

Las verduras cocidas no plantean ninguna incompatibilidad, siempre que se tenga cuidado con los condimentos. Si crees que no puedes comer sin pan, hazlo pero sin exagerar. Fíjate un límite que parezca aceptable y, alguna vez, intenta comer sin pan.

7. MERENDAR

No comas fruta durante las comidas, sino después, es decir, como merienda a media tarde.

Por supuesto, también puedes hacer toda una comida a mediodía a base de fruta, pero sin añadir ningún otro tipo de alimento.

Interrumpir la actividad y comer algo sin duda te sentará bien desde cualquier punto de vista, y te permitirá volver con más ganas a las obligaciones cotidianas.

Si no tienes hambre, te sentará muy bien tomar un vaso de agua o una infusión. Si no, al igual que a media mañana, puedes tomar un tentempié (yogur, fruta o galletas).

8. BEBER ANTES DE CENAR
   Una hora antes de cenar, bebe un vaso de agua.

   (Lee también la Regla 5 «Beber antes de comer»). No hay que olvidar que siempre es mejor beber lejos de las comidas.
   No debería ser demasiado difícil para nadie beber un vaso de agua o dos en cuanto nos despertamos, antes de ir al baño y, más tarde, durante la mañana y por la tarde.
   Si no hubiéramos tenido la ocasión de hacerlo durante el día, es mejor beber media hora antes de la comida que durante la propia comida.
   Ésta es una buena regla para quien tenga que prestar una atención especial a la línea. Beber cierto tiempo antes de las comidas procura una sensación de saciedad que evita empezar a comer con gula.

9. COMER ALIMENTOS CRUDOS PARA CENAR
   Empieza la cena con un plato de alimentos crudos.
   - Los alimentos crudos con los que conviene empezar la cena pueden ser un plato de ensalada o de verduras crudas y, dependiendo de la estación y de tus gustos, incluso fruta fresca.
   - Come un plato a base de cereales o patatas. No hay que poner límites con la balanza. Pronto será tu organismo quien autorregule las dosis.

   Combina y condimenta como se ha explicado en la Regla 6 «Empezar con verduras». Acompaña este plato con la cantidad de verdura que desees, sin excederse con los condimentos.

10. UNA INFUSIÓN PARA DORMIR

Para terminar el día, prepárate una infusión relajante.

No hace falta que sea la consabida manzanilla, que muchas personas relacionan con las enfermedades. Prueba también la perfumada y eficaz melisa para conseguir un buen descanso o una infusión de piel de manzanas.

Asimismo, tienen propiedades relajantes el espino albar, la malva (que también es depuradora), la pasiflora y la tila. Después de haberlas probado, podrás escoger la que te resulte más agradable y eficaz.

Bebe la infusión una hora después de acabar de comer o antes de acostarte.

En la práctica

A continuación, te enseñamos a preparar dos sencillas infusiones:

Infusión de melisa

La infusión de melisa se prepara con una taza de agua por persona y 5 ó 6 hojas frescas o varios pellizcos de hojas secas de melisa, que se añadirán al agua justo después de arrancar a hervir.

Apaga el fuego y deja reposar la infusión 3 ó 4 minutos. Después, fíltrala.

La melisa es perfumada y bastante dulce, por lo que no requiere ningún tipo de edulcorante, pero si lo deseas, puedes añadir una punta de miel cuando la infusión esté templada.

Infusión de mondaduras de manzana

Lava con mucha atención 2 ó 3 manzanas con agua caliente. Elimina todos los golpes o partes oscuras.

Móndalas, pon las mondaduras en agua fría, llévalas a ebullición y déjalas hervir a fuego lento durante varios minutos.

Déjala reposar hasta que esté templada, fíltrala y bebe la infusión sin añadir nada.

La organización de los menús

■ A continuación, veremos cuál es la mejor organización para tus menús diarios. Para facilitar su organización hemos dividido los alimentos en tres categorías generales:

1. La primera comprende los alimentos proteicos.
2. La segunda categoría puede ser considerada neutra y se combina sin problemas tanto con la primera, como con la segunda. Se trata del «comodín» de tus comidas, es decir, de la verdura y todo aquello que sazona o condimenta (hierbas aromáticas, sal, aceite y otras grasas). No obstante, el limón y el vinagre deberían acompañar sólo los platos proteicos, porque su acidez interfiere la digestión de los platos amiláceos (que contienen almidón).
3. La tercera categoría comprende alimentos amiláceos.

PROTEICO

NEUTRO

AMILÁCEO

Bastará con realizar una rápida ojeada a estas tablas para aprender «in situ», en pocos días como máximo, qué alimentos combinar en una comida y cuáles reservar para la comida siguiente.

■ Ésta es la regla general a la que hay que atenerse siempre:

Una regla general
- Comer sólo el primer plato, precedido de verduras crudas, condimentado a placer con verduras y, si se desea, con queso y seguido de la cantidad deseada de otras verduras;
- El segundo plato, siempre precedido, acompañado y/o seguido de abundantes verduras (a ser posible no amiláceas).

Los grupos de alimentos

GRUPO 1	GRUPO 2	GRUPO 3

PROTEICO	NEUTRO	AMILÁCEO
▪ **cualquier tipo de carne** ▪ **pescado*** ▪ **huevos*** ▪ **quesos*** ▪ **leche*** ▪ **yogur*** ▪ **leguminosas****	▪ **todas las verduras** excepto las leguminosas, como guisantes, habas, garbanzos, etc. ▪ **Semioleaginosas** nueces, almendras, avellanas, semillas de sésamo, etc. ▪ **aceite, mantequilla** ▪ **sal** ▪ **hierbas aromáticas y especias** ▪ **vinagre, limón***	▪ **todos los cereales y derivados** harina, pan, pasta, arroz, cebada, etc. ▪ **patatas*** ▪ **miel*** ▪ **melaza****
* puede añadirse en cantidades mínimas a los platos amiláceos. Por ejemplo, arroz con mariscos o con leche, o un poco de queso en la pasta; el yogur puede acompañar la fruta. ** sólo para personas sanas y fuertes.	* sólo con comidas proteicas.	* sólo de forma ocasional y en pequeñas cantidades con platos proteicos. ** sólo con fruta o yogur y en pequeñas cantidades.

Otras advertencias
- No todos los primeros están bien combinados. Un ejemplo claro de ello suele ser la lasaña o los canelones, donde la pasta y la carne no casan una vez que llegan a nuestro aparato digestivo, por no hablar ya del problema causado por la presencia de carne y lácticos (queso rallado y la leche de la salsa bechamel), ya que estos últimos tienden a envolver la carne con una película impermeable a los jugos gástricos del estómago. Durante las comidas, intenta decantarte siempre por los condimentos vegetales o como máximo por un poco de queso rallado para acompañar la pasta, el arroz u otros cereales.
- Presta la misma atención a los segundos. Evita las combinaciones de carne y lácteos (como por ejemplo, algunas carnes y su salsa a base de crema de leche), por el motivo que acabamos de explicar. Evita también el consumo de más de un alimento fuertemente proteico por comida. La unión de carne y leguminosas puede ser bastante difícil de digerir además de que su aporte proteico suele ser bastante superior a nuestras necesidades reales alimenticias.
- Bebe mucha agua (a ser posible sin gas) fuera de las comidas y nunca durante las mismas. Una abundante ración de verduras, sobre todo si son crudas, saciará tu necesidad de líquido.

El programa desintoxicante

¿Te pesan los kilos? ¿Tienes realmente ganas de adelgazar?

El primer paso podría consistir en realizar una selección más precisa en el momento de comprar. Sobre este tema, te aconsejamos que leas el capítulo *La calidad, en primer lugar*, de la sección «Comprender el porqué». Consiste en descubrir las tiendas que venden cereales integrales, verduras procedentes de cultivos biológicos, pan con levadura natural, buenas tisanas...

Después, podrás aprender a usar estos productos, porque la cocción del arroz integral, por poner un ejemplo, es más larga que la del arroz blanco.

En cambio, para condimentar no tendrás problema alguno: en el capítulo *Un secreto: saber condimentar*, aprenderás todo sobre las mejores asociaciones, que son especialmente válidas para los cereales integrales, es decir, abundantes, sabrosas, pero ligeras, es decir, vegetales.

En este primer paso selectivo te podrán seguir fácilmente tus familiares, siempre eso sí que tengas la precaución de hacer las cosas de una forma progresiva y que no se note demasiado. Tan sólo cuando estén convencidos de que el sabor de los platos es mucho más completo y agradable, podrás explicarles cuál es tu secreto.

Intenta introducir algún alimento nuevo en tu alimentación. Dedica una atención particular a los productos germinados, de los que podrás preparar un amplio surtido y tenerlos siempre frescos en casa.

Consulta con tu médico o farmacéutico de confianza sobre la conveniencia de tomar algún integrador en particular, siempre que no se trate de sustancias «adelgazantes», sino de superalimentos que te puedan ayudar en el esfuerzo de regular tu metabolismo. Por ejemplo, una sensación de desvanecimiento o mareo en coincidencia con un cambio alimentario, podría tener orígenes psicológicos, pero también podría tener raíces profundas (las mismas que, con probabilidad, te podrían haber inducido a comer demasiado), es decir, alguna carencia en particular. Ni las vitaminas, ni tampoco el resto de complementos «hacen engordar» como muchos suelen temer, sino todo lo contrario, ayudan a alcanzar un equilibrio alimenticio más correcto.

Muchísimos complementos de origen vegetal ejercen una acción de vasto alcance. Por ejemplo, el ginseng o el eleuterococo ayudan a tonificar y aumentan la capacidad de concentración y las defensas inmunitarias. La levadura de cerveza, en cambio, es rica en vitaminas del grupo B y oligoelementos, por ello puede ayudar a superar las carencias acumuladas a lo largo de años de consumo de carbohidratos refinados.

Las fibras no son sólo «lastre». Con frecuencia se interpreta de forma incorrecta el consejo de consumir más fibras. Éste es el caso de personas que consumen carbohidratos refinados en grandes cantidades (pan blanco, arroz refinado, azúcar blanco, etc.) y poca verdura y creen que podrán remediarlo si comen salvado en píldoras o en polvo. Su alimentación continúa siendo desequilibrada y las fibras introducidas de este modo pueden incluso crear problemas intestinales, como gases, irritaciones y hasta oclusiones.

LOS SÚPER ALIMENTOS

Estos son algunos de los súper alimentos que podrían completar tu alimentación: ● lecitina ● levadura de cerveza ● algas (de mar o de agua dulce, depende del caso) ● productos de las abejas (como el polen o la jalea real) ● glucomanano ● guar ● guaraná ● eleuterococo ● equinácea ● ginseng ● vitamina C de fuentes naturales como extractos de bayas de arce, escaramujo y/o camu-camu ● vitamina E de fuentes naturales como el extracto de germen de trigo.

¿Por qué **integral**?

Las semillas de los cereales contienen un importante factor nutritivo que, sin embargo, se pierde en su gran mayoría durante el proceso de refinación. Es mejor preferir el arroz, el pan y la pasta integrales por diversas razones:

- procuran un mayor aporte de fibras;
- contienen vitaminas (en particular del grupo B y E); así como sales minerales importantes para nuestra salud;
- sacían más y por ello hacen más fácil el control de la cantidad de comida ingerida;
- tienen un sabor más acentuado, por lo que pueden ser la base para platos particularmente gratificantes, con condimentos menos grasos (no olvides combinarlos con las verduras).

EN LA PRÁCTICA

En la tabla adjunta encontrarás la forma de hacer germinar el trigo, (y otras semillas, como lentejas, berro, soja...) fácilmente en casa.

Cómo hacer **germinar el trigo**

CON UN GERMINADOR PLANO	**CON UN RECIPIENTE**	**CON EL COLADOR**
Primer día		
Coloca las semillas en un recipiente e introdúcelo en otro lleno de agua. Tapa.	Coloca las semillas en un recipiente; cúbrelas con agua y cierra con una gasa sujetada con una goma.	Coloca las semillas en un gran colador y manténlo sumergido durante doce horas en un recipiente lleno de agua.
Segundo día		
Pon nuevas semillas en un recipiente limpio y colócalo en otro con agua. Encima de éste, coloca el recipiente que habías puesto en remojo el día anterior. Tapa.	Elimina el agua y enjuaga. Pon el recipiente invertido en un plato e inclínalo para que las semillas no queden sumergidas. Pon nuevas semillas en otro recipiente y sumérgelas.	Enjuaga las semillas con agua corriente del grifo (sin sacarlas del colador) y coloca el colador sobre un recipiente. Enjuaga de nuevo al final del día.
Tercer día		
Coloca nuevas semillas en otro recipiente. Colócalo sobre el recipiente con agua limpia, y apoya encima los recipientes utilizados anteriormente tras haber enjuagado las semillas.	Enjuaga los dos recipientes como se ha indicado para el segundo día. Pon nuevas semillas en un tercer recipiente.	Enjuaga las semillas por la mañana y por la noche, como el día anterior.
Al final del tercer y cuarto día		
Las semillas estarán listas para el consumo (el germen deberá medir unos milímetros).		

Para alcanzar la dosis diaria aconsejada de fibras, que se sitúa en torno a los 30-35 g, no es suficiente con el consumo medio de fruta y verdura. Hay que añadir otros vegetales (los productos animales carecen de esta sustancia), como cereales integrales o semiintegrales, leguminosas y semioleaginosas.

Además, conviene hacer la distinción entre fibras hidrosolubles y fibras no hidrosolubles, así como conocer su acción específica en nuestro aparato digestivo. Las fibras no hidrosolubles (como la celulosa, hemicelulosas y ligninas, presentes en cereales, leguminosas, frutas y verduras) mejoran el tránsito intestinal, y evitan de esta forma posibles estancamientos. Asimismo, absorben el colesterol, agentes tóxicos y ácidos biliares y los expulsan del organismo en poco tiempo. En cambio, las fibras hidrosolubles (como pectinas, gomas, mucilágenos y otros) constituyen el

Cuidado

¿Los complementos vitamínicos o de sales minerales engordan?

- No. Los productos vitamínicos y similares son considerados por la mayoría de la población como «reconstituyentes» y se asocian de inmediato a la idea de una persona que necesite recuperar energías (la mayoría de las veces un niño o un convaleciente).
  Más adelante veremos cómo las carencias de micronutrientes (vitaminas y sales minerales) son en realidad bastantes comunes en amplios sectores de la población y, por más que sorprenda, incluso y sobre todo en personas con problemas de peso.
- Valorar si la alimentación correcta es suficiente o si conviene suministrar productos vitamínicos o complementos específicos es tarea del médico. Éste tomará la decisión dependiendo de cada caso concreto y tras un examen del paciente. De todas formas, dicha prescripción pretende llegar a un equilibrio del organismo y por ello también del peso corporal y en ningún caso desencadena en una persona sobrepeso debido a incontrolables ataques de hambre.

40 % de las fibras contenidas en la fruta y verdura. Éstas tienden a combinarse con el agua. A nivel gástrico, ello provoca una ralentización de los tiempos de vaciado (con mayor sensación de saciedad) y la absorción de diversas sustancias, como carbohidratos, lípidos y colesterol.

Un día de desintoxicación por semana. Lo ideal es fijar un día por semana, por ejemplo, el lunes (sin por ello abandonarse a excesos el domingo con la idea de que al día siguiente lo remediarás). Pero si estás más tranquilo durante el fin de la semana, escoge el sábado o domingo. La elección está en tus manos. Incluso podrías hacer coincidir los días de desintoxicación con las fases lunares y llegar a hacer, por ejemplo, dos días seguidos.

Ten en cuenta que el hecho de ingerir un único tipo de alimento, durante un día completo, constituye un notable reposo para el aparato digestivo. La brevedad del periodo, que no supera las 24 horas (no se trata de hacer como los musulmanes cuando celebran el Ramadán, que ayunan durante el día y por la noche comen hasta la saciedad), es tal que no entraña riesgos de carencias. Sólo los diabéticos insulinodependientes están más limitados en la elección del tipo de monodieta.

NO TE OLVIDES

Siempre que puedas, respeta los tiempos de las personas que coman contigo. Quizás éstas necesiten más tiempo para darse cuenta de las ventajas, en todos los sentidos, de las propuestas alimentarias que quisieras hacerles.

Intenta preparar con anticipación y particular cuidado las comidas para tus seres queridos, si esto forma parte de tus obligaciones: no deberás sentir ni demasiadas quejas, ni demasiadas tentaciones.

DÍA DE UN SÓLO TIPO DE FRUTA

Si te gustan las macedonias de frutas puedes comer tantas como quieras, a condición de que no añadas ningún tipo de azúcar u otro tipo de condimento. Si no puedes resistir la tentación, recurre a unas gotas de limón.

En realidad hay que distinguir entre fruta dulce, semiácida y ácida, y en la composición de macedonias se aconseja utilizar una única familia de frutas, por ejemplo los cítricos, o bien melón y sandía, o frutas del bosque. Siguiendo esta norma, la macedonia de la comida puede ser distinta a la de la cena.

De todas formas, también hay que tener en cuenta que, por ejemplo, cuando es la temporada de las cerezas, alimentarse durante un día sólo con esta fruta no constituye sacrificio alguno. También los melocotones se prestan bien a un día de monodieta, sobre todo si los compras muy frescos. En la temporada de las manzanas (mejor evitar los meses en los que las manzanas nos llegan tras una larga estancia en las cámaras frigoríficas), se puede alternar la fruta fresca con la cocida y la exprimida al momento. En cambio, las fresas, grosellas, higos y uva no deberían alterarse de forma alguna, sino que deben tomarse al natural. La cura a base de uvas es bastante conocida en todo el mundo y puede realizarse durante varios días seguidos y prolongarla incluso hasta una o dos semanas.

En la práctica

Fruta ácida	Fruta semiácida	Fruta dulce
clementinas	albaricoques	dátiles
granadas	cerezas	higos
grosellas	ciruelas	manzanas dulces
limones	fresas	plátanos
mandarinas	manzanas	uva dulce
naranja	melocotones	
piña	peras	

Empieza el día dedicado a la fruta con un buen vaso de agua fresca o, si te apetece, incluso dos.

Para desayunar podrás tomar la cantidad de fruta que desees. Respeta tu apetito: el día no está regulado por los horarios fijos de las comidas y puedes picar un poco de fruta cuando lo desees. Desde este punto de vista, la fruta pequeña es más adaptable, pues permite aplacar la menor sensación de hambre.

Contenido de fibra en los alimentos

Cereales y derivados *(mg por 100 g de parte comestible)*

salvado	44	harina de trigo integral	9,6	pan integral	5,5
arroz integral	4,2	harina de trigo	3,1	pan blanco	2,5
arroz blanco	2,1				

Leguminosas (secas) *(mg por 100 g de parte comestible)*

habas	17	soja (amarilla, azuki)	12	guisantes	15,1
lentejas	12,5	maíz	8,1		

Semioleaginosas *(mg por 100 g de parte comestible)*

castaña seca	17,1	almendras	14,3	castaña fresca	6,8
nuez	6,4				

Hortalizas *(mg por 100 g de parte comestible)*

alcachofas	7,6	guisantes frescos	5,2	col	3,5
berenjenas	3,2	zanahorias	2,9	setas	2,5
coliflor	2,3	hinojo	2,2	endibias	2,2
patatas	2,2	espárragos	2,1	pimientos	1,9
apio	1,8	lechuga	1,5	cebolla	1,3

Fruta *(mg por 100 g de parte comestible)*

higos (secos)	18,5	dátiles (secos)	8,7	grosella	8,7
moras	7,3	peras	2,8	higos (frescos)	2,5
albaricoques	2,1	ciruelas	2,1	melocotones	2,1
naranjas	2,0	aguacate	2,0	manzanas	2,0
plátanos	1,8	pomelos	1,6	uva	1,5
cerezas	1,2				

En la práctica

- Procura que cada comida contenga una buena cantidad de vegetales, en especial crudos.
- Cada día, utiliza al menos un tipo de cereal integral.
- A días alternos, consume un tipo de leguminosa (también en forma de brotes germinados).
- Cuando estés de viaje durante más de un día y no estés seguro de comer la cantidad suficiente de fibras de origen natural, recurre a un integrador rico en fibras.

A pesar de que la fruta sea muy rica en agua, bebe de vez en cuando un vaso de agua durante el día, siempre a sorbos pequeños. No bebas durante las comidas.

NO TE OLVIDES

Durante el día de monodieta, notarás cómo tu sentido del gusto y el olfato se agudizan en gran medida. Empezarás a apreciar y a distinguir con más facilidad los aromas agradables, pero también te molestarán más los sabores y olores desagradables.

DÍA DE UN SOLO TIPO DE VERDURA

Lo ideal es consumir sólo verdura cruda y, a ser posible, de un solo tipo.

Si sientes que no serás capaz de afrontar un día completo a base de verduras crudas, puedes intentar empezar de forma gradual. Un día-tipo sólo a base de zanahorias, muy beneficiosas de octubre a abril, puede incluir zanahorias enteras, que habrá que masticar correctamente, pero también, si lo prefieres, zanahorias ralladas y condimentadas con un poco de zumo de limón y una cucharadita de aceite de oliva, pero sin sal. Por la noche, si lo deseas, puedes tomar zanahorias hervidas y condimentadas de la misma forma. Hay que precisar que la zanahoria cruda, en especial si está entera y se mastica en abundancia, sacia mucho más y es más sabrosa. En cambio, las zanahorias hervidas te pueden dejar con cierta sensación de hambre.

En primavera, concédete un día sólo a base de espárragos. Pásalos por agua con poquísima sal (o sin ella), o mejor, cuécelos al vapor. Por la mañana, también puedes tomar unas puntas de espárragos crudos.

Un día completo a base de patatas es muy aconsejable para las personas que tienen retención de agua e hinchazones y que, además, creen que no podrán afrontar un día a base de una sola fruta o de lechuga.

Puedes comer una patata hervida cada vez que sientas hambre. Es importante que se hierva con la piel al momento y que no añadas sal ni al agua de la cocción, ni a la patata en el momento de consumirla. Cómela lentamente, en cuanto esté a punto. Mastica e insaliva bien. Apreciarás una agradable sensación de saciedad y te darás cuenta que una patata de buena calidad es buena incluso así, sin condimentos.

Si al cabo de una hora, vuelves a tener ganas de tomar una patata, no te preocupes: es falso que las patatas engorden. Son más bien las frituras y los alimentos que suelen acompañar a

Cuidado

Es importante mantener el organismo muy activo (para saber más sobre el tema, lee el capítulo *¿Ayunar para adelgazar?*).

- Por lo tanto, si te decides por una reducción de la cantidad de comida que esté por debajo de tu necesidad media, hazlo sólo durante tres días seguidos, como máximo.
- Después, un día de alimentación «normal», regulada y sin excesos. Si lo deseas, puedes hacer otros tres días de régimen reducido.
- No prosigas hasta el infinito con este ritmo.
- Tras unos quince días, concede una semana de reposo a tu organismo, con una alimentación parecida a la descrita en el capítulo *El programa cotidiano*.

las patatas lo que hace subir la aguja de la balanza. Por lo demás, basta con controlarse uno mismo al final del día.

Un día a base de tomates puede ser agradable y útil, siempre que consigas tomates acabados de recoger y madurados en la planta. En este caso, podrás apreciar lo buenos que pueden estar los tomates solos, sin ningún condimento. Come los que te apetezcan cada vez que tengas apetito. Notarás cómo, al saber que no tienes límites, serás menos voraz. Si al llegar a casa por la tarde, estás cansado de tomates sin condimento, concédete el placer de añadir un poco de zumo de limón y aceite de oliva y quizás un pellizco de hierbas aromáticas.

Un día a base de ensaladas mixtas puede considerarse menos «estricto». Al principio, inténtalo con ensaladas mixtas de tu agrado, pero sólo con vegetales frescos y crudos, condimentados con limón y aceite. En este caso, deberás limitar las ensaladas a la hora de la comida y de la cena.

Para desayunar podrás comer unos rábanos o un par de zanahorias. Durante el día, bebe agua o come unos tallos de apio o zanahoria.

DÍA A BASE DE LÍQUIDOS

Seguir durante un día una dieta que excluya por completo cualquier alimento sólido es particularmente relajante para el organismo.

Es evidente que no se tomarán bebidas excitantes, es decir, que actúen sobre el sistema nervioso como cola, café, té o alcoholes, ni siquiera alimentos completos como puede ser la leche, a pesar de que sea un líquido.

En cambio, podría ser conveniente tomar el suero que queda después de haber extraído la mantequilla de la leche. Este suero (que es difícil de encontrar en los comercios) es de color azulado y con un sabor agradablemente agrio, pobre en grasas pero muy rico en sales minerales. Se utiliza en muchos países como cura desintoxicante, adelgazante y remineralizante. En este caso, se alternan, durante todo el día, vasos de suero con vasos de agua pura.

Los líquidos válidos para un día de dieta de este tipo son:
- Agua.
- Agua de la cocción de verduras, sin sal.
- Zumo fresco de fruta.
- Zumo fresco de verduras.
- Zumo fresco de plantas aromáticas (diluido).
- Tisanas e infusiones.

Podrá tomarse la cantidad que se desee de agua, pero nunca con gas.

El caldo vegetal, sin grasas ni sal, deberá filtrarse si contiene demasiados residuos sólidos y se beberá, en particular, a la hora acostumbrada de las comidas, o bien sólo por las mañanas.

El zumo de fruta deberá tomarse sin añadir azúcar, ni deberá obtenerse a partir de concentrados de fruta rehidratados. Por este motivo, es conveniente prepararlo al instante, con fruta fresca y madura de origen conocido. Debe beberse de 1/4 a 3/4 de litro en un día. Si lo deseas, puedes alargarlo con agua y beberlo siempre con mucha lentitud, a pequeños sorbos bien insalivados (mantener en la boca durante un cierto tiempo).

El zumo de verdura se tomará sin añadir sal o cualquier otra sustancia, pero puede someterse a lactofermentación, como sucede con algunas marcas de venta en tiendas especializadas de dietética. También se puede preparar de forma casera, siguiendo los criterios indicados para el zumo de fruta. Si deseas beber zumo de fruta y de verdura en el mismo día, sepáralos como si se tratara de dos tipos de «comida» y no superes la cantidad total de medio litro.

Los zumos de hierbas aromáticas y plantas medicinales como el perejil, remolacha, berro u otras se tomarán en cantidades inferiores: de medio vaso a un vaso durante el día, o bien mezclados con zumo de verdura y, siempre, alargados con agua.

Las tisanas e infusiones pueden ser un agradable apaciguador del hambre, y hay que tomarlas siempre a horas distintas que los zumos. Conviene tener una siempre a punto. Si te gustan las infusiones calientes o templadas, puedes conservarlas en un termo.
Evita las bebidas heladas o recién sacadas del frigorífico. Es evidente que, en un día de dieta depuradora, no se añadirá azúcar a las tisanas, ni se edulcorarán con otras sustancias. Por esta razón, conviene elegir infusiones que tengan por naturaleza un aroma agradable. Déjate aconsejar por un herborista.

Masticar y **masticar**

Masticar bien nos ayuda a estar sanos y a conservar la línea. A continuación, citamos algunos puntos en favor de la masticación:

Masticar facilita la digestión, no sólo porque desmenuza los alimentos, sino también porque durante la operación los impregna de saliva. Este proceso es muy importante para los cereales. Recuerda el dicho latino *Prima digestio fit in ore* (la primera digestión tiene lugar en la boca).

Apreciarás más el sabor de los alimentos y a darte cuenta de su sabor, combatiendo la forma compulsiva de comer que es la antecámara de la bulimia. Recordarás la comida con placer y te sentirás menos tentado a picar.

La sensación de saciedad aparecerá muy deprisa. Si masticas con atención y empleas el tiempo correcto para la comida, te saciarás antes y evitarás el deseo de comer más de lo necesario.

DÍA SÓLO A BASE DE ARROZ

Un día sólo a base de arroz puede ser muy relajante para el intestino y tiene excelentes efectos depurativos, siempre que se trate de arroz de calidad superior, es decir, arroz integral y procedente de cultivos biológicos. Al contrario que de costumbre, usarás una cantidad más abundante de agua (de cuatro a cinco tazas por cada taza de arroz) y harás una cocción algo más prolongada, esto es, de cerca de una hora y media. Si pones el arroz en remojo durante una hora, podrás reducir el tiempo de cocción. Y recuerda que no debes colarlo al final, siempre es mejor comérselo con un poco de agua, como si se tratara casi de una sopa.

Si te cuesta comer el arroz sin condimento alguno, puedes verter unas cuantas gotas de tamari (salsa de soja de fermentación lenta) como suelen hacer los orientales, o prueba de mezclarlo con una zanahoria cruda rallada, pero no añadas otras variaciones.

DÍA SÓLO A BASE DE PAN

También puedes seguir una dieta a base de pan y agua, exclusivamente. El típico alimento de los prisioneros, peregrinos y penitentes puede ser muy depurativo, siempre que el pan sea de la mejor calidad (integral, biológico y de fermentación natural). Lo mismo ocurre con el agua, que deberá ser pura y, si es de botella, deberá ser sin gas.

CAMBIAR DE FORMA GRADUAL

Si eres una persona de costumbres más bien asentadas, no pidas a tu organismo (y a tu psique) que se adapte a demasiadas modificaciones de una sola vez. De hacerlo así, correrás el riesgo de cansarte demasiado pronto.

Además, la estructura de este libro te permitirá escoger la longitud de los pasos que desees realizar. Lo mejor es comenzar con un programa muy fácil, pero si te ves con ánimos puedes probar de enfrentarte al problema de lleno (todo es cuestión de fuerza de voluntad). Consulta el índice para tener una mejor orientación y saber cuál puede ser la mejor estrategia a seguir, siempre teniendo en cuenta tus horarios y costumbres.

El programa de rotación

¿Has puesto en práctica, durante al menos dos meses, los consejos que has leído hasta ahora y no has notado ningún cambio? No te desanimes, ni te consideres un caso perdido. Estás concediendo a tu cuerpo la oportunidad y el tiempo de «cambiar de ritmo» y de adquirir nuevas costumbres.

Si el resultado es nulo (o no te has engañado a ti mismo con alguna excusa...), entonces con toda probabilidad sufres intolerancia a algún alimento o sustancia y ello te impide controlar tu peso corporal. Para comprender la razón, consulta el capítulo *Variar también ayuda a mantener la línea*.

NO TE OLVIDES

En los menús propuestos encontrarás las comidas con contenido predominantemente proteico al mediodía, y los de contenido amiláceo por la noche. Pero puedes invertir este orden con toda tranquilidad.

Para hacer una elección acertada te resultará útil saber que los distintos tipos de alimentos influyen en la producción y la relajación de los llamados «neurotransmisores». Se trata de sustancias que determinan, entre otras cosas, nuestra rapidez de reflejos y nuestra disposición a dormir de forma relajada. La pasta, como el resto de los alimentos amiláceos, sirve en primer lugar como «combustible» y procura, en la mayoría de las personas, una sensación de tranquilidad y somnolencia.

Por ello, conviene observar detenidamente todas tus reacciones individuales: así pues, si te cuesta relajarte durante la noche y conciliar el sueño y, en cambio, los amiláceos te provocan un indeseado estado de somnolencia, entonces sigue el esquema sugerido a continuación. En caso contrario, invierte el «programa» y come al mediodía a base de amiláceos y cena alimentos proteicos.

Cuidado

- Cualquier persona puede seguir con tranquilidad el programa de rotación, dividido en estaciones.
- Las personas que no tengan motivos particulares para seguir una alimentación de rotación porque están seguras de no tener ninguna intolerancia alimentaria (aunque nadie puede saberlo a ciencia cierta), por supuesto pueden repetir más a menudo determinados menús. Sin embargo, desde todos los puntos de vista, se aconseja realizar una buena variación.
- No olvides beber agua en abundancia nada más levantarte, así como durante el día, y siempre lejos de las comidas.
- No te preocupes si algún ingrediente no te parece sugerente o apetitoso. Puedes sustituirlo con otro semejante de la misma familia botánica, o simplemente eliminarlo.
- Si eres vegetariano o vegetaliano (es decir, que te alimentas sólo con alimentos vegetales, excluyendo la leche, huevos y la miel), sáltate los platos que no se ajusten a tus principios y aumenta la cantidad de los demás platos consumidos.

Un paso más: desensibilizar el organismo. Las sugerencias que se indican a continuación son en la práctica, una alimentación «disociada» que permite desensibilizar el organismo. Sólo deberás tenerlas en cuenta en caso de necesidad, puesto que requiere cierto sacrificio y no son fáciles de poner en práctica cuando, por ejemplo, se come a menudo fuera de casa.

PRIMAVERA

Lunes
Desayuno:
- infusión de ortiga (si se desea, con un poco de miel);
- un huevo duro o revuelto;
- rábanos.

Media mañana:
- un zumo de naranja o de pomelo (u otros cítricos).

Almuerzo:
- ensalada de escarola, acederilla, apio, zanahoria y brotes de alfalfa, condimentada con aceite de maíz, guindillas y alcaparras;
- una ración de pescado (trucha, salmón, trucha asalmonada, atún o anchoas) hervido o a la plancha;
- verdura cocida (hinojo, coliflor o zanahorias).

Merienda:
- una o dos naranjas.

Cena:
- ensalada verde con hinojo crudo (si se desea, aderezado con una cucharada de maíz tostado no salado o poco salado);
- sopa de arroz con perejil (o bien, arroz hervido con perejil y, si lo deseas, con un poco de pepinillos).

Antes de acostarse:
- infusión de semillas de hinojo o una tila.

Martes

Desayuno:
- infusión de menta o manzanilla (o un café, pero inclúyelo en el sistema de rotación);
- muesli de copos integrales de cebada, agua y cerezas, dátiles o papaya.

Media mañana:
- infusión de menta o de cola de caballo (si lo prefieres, edulcorada con un poco de azúcar de caña).

Almuerzo:
- ensalada verde mixta primaveral;
- una porción de pollo o de pavo sin piel (o de cordero a la plancha o guisado), o bien un trozo de queso de cabra o de oveja;

- espárragos hervidos (condimentados con aceite de maíz o de girasol, o mantequilla).

Merienda:
- unas lonchas de piña fresca o una tisana de menta.

Cena:
- ensalada verde (si lo deseas, puedes añadir unos trocitos de aguacate);
- sopa de cebada u «orzotto»* (variante del «rizotto», pero sustituyendo el arroz por la cebada) con espinacas frescas o setas.

Antes de acostarse:
- tisana de milenrama.

Miércoles

Desayuno:
- yogur de soja o leche de soja con un plátano o una cucharada de pasas o una fruta tropical (como, por ejemplo, la pasiflora).

Media mañana:
- infusión de hojas de abedul (si te parece que no podrás renunciar al té negro, inclúyelo hoy en la rotación).

Almuerzo:
- brotes de soja, berro, col china;
- una porción de merluza cocida o al vapor, o bien una ración de guisantes frescos y crudos (si son muy tiernos y dulces) o bien hervidos;
- brécol.

Merienda:
- infusión de malva, si lo desea edulcorada con un poco de «miel del bosque».

NOTA (*): Véase receta en *Las combinaciones alimenticias*, en esta misma colección.

Cena:
- ensalada verde (si lo deseas puedes añadir col lactofermentada);
- mijo hervido con brécol o nabos, o con cualquier tipo de col de la estación (al final de la cocción puedes un puñado de avellanas o semillas de sésamo tostado).

Antes de acostarse:
- tisana de malva o de abedul.

Jueves

Desayuno:
- yogur con manzana rallada o cortada a cubos, o bien de mondaduras de manzana.

Media mañana:
- infusión de melisa.

Almuerzo:
- ensalada de pepino condimentada con aceite de oliva;
- una ración de asado de ternera o vaca;
- alcachofas hervidas.

Merienda:
- infusión de escaramujo.

Cena:
- ensalada de endibias o achicoria con piñones y avellanas;
- pan de centeno (no mezclado con trigo) con queso;
- cebollas guisadas.

Antes de acostarse:
- tisana de hojas de mora.

Viernes

El viernes puede ser igual que el lunes, o bien puedes introducir las siguientes variaciones.

Desayuno:
- infusión de flores de saúco o mate;
- copos de avena con ruibarbo, grosella o pasas, con un poco de agua (hoy, nada de leche) y miel de milflores (puede usar los copos crudos o bien, ligeramente hervidos, como hacen los ingleses con el porridge).

Media mañana:
- infusión de semillas de hinojo.

Almuerzo:
- conejo asado o guisado;
- apio.

Merienda:
- infusión de perifollo o borraja.

Cena:
- ensalada verde y zanahorias ralladas;
- patatas hervidas con piel, o bien patatas peladas, cortadas a cubos o cocidas con trozos de apio.

Antes de acostarse:
- un vaso de agua o tisana de hojas de grosella.

Sábado

Desayuno:
- infusión de diente de león;
- copos de maíz con zumo de cerezas o ciruelas (sin azúcar).

Media mañana:
- un poco de fruta (por ejemplo cerezas o ciruelas).

Almuerzo:
- ensalada verde;
- huevos revueltos con espárragos;
- espinacas.

Merienda:
- una o dos cucharadas de jarabe de olivilla.

Cena:
- macedonia de cítricos;
- polenta con setas.

Antes de acostarse:
- tisana de manzanilla.

Domingo

Si lo deseas puedes seguir el programa del martes, o incluir, parcial o totalmente, las siguientes variantes.

Desayuno:
- leche de soja;
- tostadas (a ser posible, integrales);
- si se desea con avellanas o nueces no tostadas.

Media mañana:
- té verde y una cucharada de germen de trigo (debe ser fresco) y nísperos.

Almuerzo:
- rábanos, berro y soja germinada;
- marisco a la plancha

Merienda:
- yogur de soja, o bien unas tostadas y tisana de hojas de abedul.

Cena:
- col china;
- pasta al azafrán o bien con garbanzos.

Cuidado

Los símbolos relativos a «proteico» y «amiláceo» se refieren a las comidas principales del día, es decir a la comida del mediodía y a la de la noche.

Antes de acostarse:
- un vaso de agua o unos nísperos.

VERANO

Lunes
Desayuno:
- zumo de tomate o bien tomates frescos bien maduros;
- semillas de lino, puestas en remojo la noche antes.

Media mañana:
- mate o tila.

Almuerzo:
- ensalada verde;
- pescado azul a placer (no frito);
- pimientos cocidos al horno condimentados con una pizca de alcaparras y anchoas en sal.

Merienda:
- uva, higos chumbos o té verde.

Cena:
- berenjenas a la plancha o hervidas, condimentadas con salsa de tomate;
- patatas nuevas al horno o hervidas (lavar bien la piel).

Antes de acostarse:
- infusión de perejil.

Martes
Desayuno:
- melocotones.

Media mañana:
- infusión de menta (si lo deseas, con fruta).

Almuerzo:
- ensalada mixta veraniega con remolacha, aguacate y (pocas) hojas de espinacas o hierbas para el caldo;
- uno o dos huevos hervidos cortados a cubos o a lonchas, por encima de la verdura.

Merienda:
- melocotones o ciruelas frescas.

Cena:
- lechuga romana;
- sopa templada de cebada con apio (o setas).

Antes de acostarse:
- tisana de grama (raíz).

Miércoles

Desayuno:
- higos frescos.

Media mañana:
- agua, granada o uva.

Almuerzo:
- ensalada de nabos (o rábanos) rallados, con col y lechuga; alubias.

Merienda:
- sorbete de limón edulcorado con miel.

Cena:
- arándanos frescos;
- rollitos de col y mijo.

Antes de acostarse:
- un vaso de agua.

Jueves

Desayuno:
- yogur con albaricoques frescos.

Media mañana:
- infusión de melisa.

Almuerzo:
- ensalada de pepino y achicoria;
- ensalada marinera con pulpo y mejillones (condimentada con aceite de oliva, cebolla, ajo o cebolleta).

Merienda:
- moras frescas, o bien sandía.

Cena:
- macedonia de sandía y melón (si lo deseas, puedes añadir un poco de jarabe de arce);
- pan de avena con un poco de mantequilla;
- calabacines guisados.

Antes de acostarse:
- agua con una cucharadita de vinagre de manzana.

Viernes

Desayuno:
- leche de almendras (almendras trituradas, agua y miel, preparado fresco).

Media mañana:
- pomelo rosa.

Almuerzo:
- ensalada de zanahorias, apio, tomate, pimientos y lechuga;
- trucha o pescado azul.

Merienda:
- agua con una cucharadita de miel de castaña.

Cena:
- ensalada de tomate;
- ensalada de patata, con aceite de maíz, perejil, nuez moscada, guindillas y perifollo;
- algas.

Antes de acostarse:
- un zumo de pomelo.

Sábado
Desayuno:
- melocotones o ciruelas.

Media mañana:
- un trozo de coco y/o su leche fresca.

Almuerzo:
- piña o papaya frescas;
- lucio con laurel, tomillo, albahaca, mejorana, romero, curry, estragón y/o ajo).

Merienda:
- tisana de malva o aquilea.

Cena:
- ensalada verde;
- ensalada de maíz tierno con setas;
- aguacate.

Antes de acostarse:
- un vaso de agua con melaza.

Domingo
Desayuno:
- uva.

Media mañana:
- un puñado de avellanas.

Almuerzo:
- ensalada de col china, soja germinada, lentejas germinadas, nabos y rábanos;
- merluza o lenguado con salsa de rábano picante o bien langostinos o cigalas a la plancha o sopa de marisco al azafrán.

Merienda:
- granada o higo chumbo.

Cena:
- pasta con ajo, aceite y guindilla.

Antes de acostarse:
- un vaso de agua o una tisana de menta.

OTOÑO

Lunes
Desayuno:
- muesli con copos de arroz, semillas de lino (puestas en remojo la noche anterior), zumo de grosella (en lugar de la leche).

Media mañana:
- infusión de salvia y/o unos tallos de apio.

Almuerzo:
- ensalada de apio aderezada con jugo de limón y aceite de maíz, alcaparras y perejil;
- jabalí cocido con zanahorias, apio y tomate.

Merienda:
- mandarinas.

Cena:
- ensalada verde;
- berenjenas cocidas;
- boniatos hervidos o espaguetis de arroz.

Antes de acostarse:
- zumo de bayas de saúco.

Martes
Desayuno:
- copos de avena con queso de cabra.

Media mañana:
- café de malta.

Almuerzo:
- lechuga roja;
- faisán asado o guisado, o bien pavo.

Merienda:
- caquis (palosantos).

Cena:
- ensalada de remolacha cruda rallada;
- «pizzocheri» (tallarines de harina de trigo

y trigo sarraceno) con apio, setas, mantequilla y aceite de girasol.
Antes de acostarse:
- tisana de cola de caballo y trigo sarraceno.

Miércoles
Desayuno:
- leche de soja (o bien, yogur de soja).

Media mañana:
- higos chumbos o té.

Almuerzo:
- ensalada de berzas crudas y lentejas germinadas;
- tofu (queso de soja);
- brécol.

Merienda:
- un puñado de avellanas o semillas de sésamo tostadas.

Cena:
- ensalada verde y roja;
- torta de mijo con leche de soja, avellanas, vainilla o azafrán.

Antes de acostarse:
- un vaso de agua.

Jueves
Desayuno:
- leche fresca o yogur (o requesón con jarabe de arce)

Media mañana:
- tisana de escaramujo.

Almuerzo:
- aceitunas;
- cebolletas hervidas con vinagre de manzana;
- carne de vaca hervida o bien mejillones.

Merienda:
- una cucharada de pipas de calabaza al natural.

Cena:
- ensalada verde;
- pan de centeno;
- calabaza al vapor o bien cocida al horno;
- puerros hervidos.

Antes de acostarse:
- un vaso de agua con una cucharadita de vinagre de manzana.

Viernes

Desayuno:
- copos de avena con maíz (cocido o crudo, remojados con un poco de agua).

Media mañana:
- clementinas o bayas frescas de saúco.

Almuerzo:
- ensalada verde;
- liebre «en escabeche» (macerada con comino, pimienta, nuez moscada, clavo, anís, perejil y un poco de vino tinto), o atún;
- zanahorias (la cantidad que desees).

Merienda:
- una tila.

Cena:
- ensalada de hinojo;
- castañas hervidas o asadas

Antes de acostarse:
- tisana de semillas de hinojo.

Sábado

Desayuno:
- copos de maíz, reblandecidos con el agua del remojo de cinco ciruelas secas.

Media mañana:
- uno o dos caquis.

Almuerzo:
- ensalada variada;
- un trozo de muslo de pavo.

Merienda:
- cuatro o cinco dátiles;
- agua.

Cena:
- piña o litchi;
- polenta con espinacas.

Antes de acostarse:
- un vaso de agua.

Domingo

Desayuno:
- leche de soja, nueces, una cucharada de melaza.

Media mañana:
- tisana de malva.

Almuerzo:
- col china, remolacha, lentejas germinadas;
- crustáceos hervidos, con mostaza suave (montada como una salsa de mayonesa con vinagre y agua), o bien una pieza de lenguado;
- coliflor roja.

Merienda:
- un plátano o un yogur de soja.

Cena:
- ensalada verde;
- pasta integral condimentada con brécol o bien pasta y judías verdes.

Antes de acostarse:
- un vaso de agua o bien una tisana de malva.

INVIERNO

Lunes

Desayuno:
- muesli con copos de arroz, agua y un poco de miel de acacia.

Media mañana:
- zumo de naranja o de cítricos mezclados.

Almuerzo:
- ensalada de hinojo;
- chuleta de cerdo a la parrilla;
- apio crudo o hervido.

Merienda:
- zumo de cítricos.

Cena:
- zanahorias crudas;
- arroz con algas o bien con hierbas aromáticas (pimentón, comino, clavos, nuez moscada, borraja y perejil).

Antes de acostarse:
- infusión de semillas de anís.

Martes

Desayuno:
- muesli con copos de cebada y leche de oveja o de cabra (aderezada con una pizca de nuez de coco rallada o pipas de girasol).

Media mañana:
- piña o cuatro o cinco dátiles.

Almuerzo:
- achicoria;
- crema de aguacate con curry y/o ajo;
- ancas de rana a la mejorana.

Merienda:
- zumo de remolacha.

Cena:
- revoltillo de cebada, setas y ensalada.

Antes de acostarse:
- tisana de cola de caballo.

Miércoles
Desayuno:
- copos de mijo con leche de soja o avellanas.

Media mañana:
- un plátano.

Almuerzo:
- ensalada verde;
- sopa de leguminosas (lentejas, guisantes, alubias, y otras) aderezada con azafrán o tamari (salsa a base de soja).

Merienda:
- yogur de soja con vainilla.

Cena:
- revoltillo de mijo y brécol.

Antes de acostarse:
- tisana de malva.

Jueves
Desayuno:
- yogur fresco con pipas de calabaza y levadura de cerveza en polvo.

Media mañana:
- kiwi (la cantidad que desee).

Almuerzo:
- ensalada de alcachofas con vinagre de manzana;
- requesón con almendras o bien queso;
- escorzonera.

Merienda:
- una/dos manzanas o peras.

Cena:
- sopa de copos de centeno y puerros (o bien pan de centeno);
- calabaza o cebollas cocidas al horno.

Antes de acostarse:
- una manzana.

Viernes

Desayuno:
- copos de avena cocidos con ciruelas secas.

Media mañana:
- tisana de menta.

Almuerzo:
- ensalada blanca y roja;
- pescado frito (o lucio) con espinacas.

Merienda:
- dos o tres higos secos;
- agua.

Cena:
- revoltillo de palosanto con melaza y agua;
- boniatos hervidos o al horno.

Antes de acostarse:
- tisana de diente de león.

Sábado

Desayuno:
- copos de maíz con leche de soja.

Media mañana:
- agua o papaya.

Almuerzo:
- guisantes germinados;
- ensalada de berza y nabo.

Merienda:
- galletas de fécula de maíz y leche de soja;
- tisana de menta.

Cena:
- torta de castañas hervidas con setas.

Antes de acostarse:
- tisana de laurel (hojas).

Domingo
Desayuno:
- ciruelas secas en remojo;
- avellanas o nueces.

Media mañana:
- té.

Almuerzo:
- ensalada verde;
- tostaditas con mantequilla y caviar (una excepción para premiar tus «fatigas»);
- huevos duros.

Merienda:
- Nueces de pacana o mousse de plátano (triturada con poca agua y miel de bosque).

Cena:
- ensalada de remolacha y col china;
- tagliatelle con tahín (crema de sésamo).

Antes de acostarse:
- un vaso de agua con miel.

Para terminar. Al cabo de al menos 28 días de menú «de rotación» podrás hacer unas pruebas precisas para comprobar tu propia tolerancia a determinados alimentos.

Si, al introducir un determinado alimento con mayor frecuencia (haz un diario actualizado de lo que comes), observas cualquier síntoma, sabrás que no debes consumirlo a menudo (como mínimo, cada cuatro días).

De todas formas, seguir los consejos de la rotación te ayudará a dar grandes pasos hacia el peso ideal y te permitirá recobrar el sentido de la estacionalidad de los alimentos. Y hasta conseguirás apreciar, poco a poco, el gusto por la simplicidad. Está en sus manos decidir su esquema de «rotación» particular, al menos en cierta medida, o bien aplicar de forma más elástica las reglas de las buenas combinaciones alimenticias.

Un consejo más

¿El médico ideal?

Es un mal típico de nuestros tiempos: muchos médicos ni siquiera conocen a sus pacientes o muy poco. Raramente tienen tiempo de profundizar en los distintos aspectos de su salud: sólo se acude a ellos en caso de problemas agudos.

Lo ideal será poder hablar con el médico también de la alimentación y de la conveniencia de tomar complementos alimenticios, de practicar deportes, etc. Asimismo, convendría tenerle al corriente de su empeño de seguir con mayor atención las correctas combinaciones alimenticias. Si encontraras poca colaboración, por ejemplo, al solicitar unas pruebas para descubrir posibles intolerancias alimenticias, deberás reflexionar a la larga si ese médico te conviene.

Recuerda que la asistencia sanitaria es un derecho, así como la elección del médico y las terapias.

Un secreto: saber condimentar

La razón principal por la que se tiende a mezclar en exceso los alimentos entre sí es la de obtener un sabor más agradable y lleno.

Un alimento bien cultivado, maduro, fresco y, quizá crudo, tiene un sabor y un perfume propios que no necesitan ningún añadido especial.

En cambio, un alimento que ya desde un principio no resulta demasiado sabroso y que quizá haya sido hervido durante mucho tiempo o que haya sido «preparado» para conservarlo o cocerlo, tendrá muy poco que ofrecer a nuestro paladar.

No a los «sabores simulados». En la búsqueda de los sabores hemos llegado a una infinidad de aditivos alimentarios llamados «potenciadores del sabor» y de aromas que en la etiqueta son denominados «naturales», pero sólo porque la ley ha admitido esta definición incluso para las sustancias artificiales (siempre que los «sabores» que generen existan en la naturaleza...).

De esta forma, hemos llegado a mezclas cada vez más complejas de las distintas sustancias, con el fin de premiar nuestro paladar y hacernos salivar para predisponernos a degustar un buen plato.

Con esto no queremos decir que haya que comer sin condimentar. Sino que debido a que el perfume y el sabor son tan importantes para una buena digestión, así como para procurar ese sentimiento de satisfacción que impide seguir comiendo por costumbre, es importante dar a los platos sabores netos, limpios y, a ser posible, variados.

Cuidado con los aditivos

La sigla E seguida de un número de tres cifras indica el tipo (o los tipos) de aditivos usados: E significa Comunidad Europea.

Puedes renunciar tranquilamente a todos los aditivos cuya primera cifra sea 1, es decir, de 100 a 199 pues se trata de sustancias colorantes. No todas se consideran perjudiciales, pero no son útiles más que para engañar a la vista.

A veces, los antioxidantes son muy valiosos porque impiden que los alimentos se deterioren. Nada que objetar a los E 300-304 (se trata del ácido ascórbico, nombre químico de la vitamina C, y de ascorbatos) ni al E305 y 309 (tocoferol, la vitamina E).

En cambio, hay que ir con cuidado con el E 320 y el 321 (BHA y BHT): son dos de los aditivos que desencadenan más fenómenos de intolerancia.

No a la monotonía. A pesar de la gran cantidad de aditivos que se utilizan en la actualidad, los sabores son extremadamente monótonos. La sal, el azúcar, el vinagre, la pimienta o el monoglutamato de sodio están presentes en todas partes.

La simple conjugación acertada de dos o tres alimentos básicos consigue crear sabores armoniosos y llenos. En cambio, otras veces habrá un solo ingrediente de base para confeccionar el plato y el resto será la guarnición.

La elección acertada, la dosificación correcta y la posible mezcla a conciencia con otros sabores otorgará a cada condimento su verdadera función: hacer saludable y gratificante cualquier ingrediente de base, desde la pasta al arroz, y desde la ensalada a la patata hervida.

Los condimentos
ÁCIDOS - EL VINAGRE Y OTROS ACIDULANTES

Puede ser agradable encontrar un ligero sabor ácido en la ensalada. Aunque debes recordar que la presencia del vinagre no casa bien con las verduras que son ácidas de por sí (como el tomate) ni es bien tolerado en combinación con platos a base de carbohidratos. Por lo tanto, úsalo sólo cuando la ensalada acompañe a un plato principalmente proteico.

Intenta sustituir el vinagre de vino por el de manzana o sidra. Además de tener un sabor más suave, podrás aprovechar sus propiedades beneficiosas para la salud.

El zumo de limón también puede sustituir perfectamente al vinagre de manzana como condimento.

Puedes combinarlo si lo deseas, sin olvidar nunca la regla de la correcta combinación, es decir, no en presencia de alimentos de gran contenido en carbohidratos.

Usa siempre jugo de limón fresco: si no terminas el limón cortado, protégelo bien del aire con una película plástica y consérvalo en la nevera.

Para obtener un ligero sabor acidulado, también puedes añadir una cucharada de yogur en la salsa de la ensalada.

El vinagre es un excelente vehículo para otros sabores. Introduce en la botella de vinagre de manzana, una ramita de melisa, de estragón o de otra hierba aromática y déjala en remojo durante unos días. El resultado es realmente exquisito.

Emulsionantes

Entre los emulsionantes podemos encontrar, el E 322, la lecitina, que a menudo se utiliza incluso como complemento alimenticio. Entre los gelificantes, podemos encontrar sustancias alimenticias como las algas o sus derivados, o bien las pectinas. Las siglas son E 400, 404, 406, 407, 410, 412, 415 y 440.

DULCES - TODA UNA TENTACIÓN

Los grandes amantes de los sabores dulces se sentirán muy frustrados ante la idea de tener que seguir una dieta.

AMILÁCEO

Sin prolongarnos demasiado en los efectos de los distintos dulces en la línea y en la salud, podemos anticipar una cosa: al incluir en la alimentación, aunque sea de forma gradual, una cantidad cada vez mayor de alimentos frescos e integrales, preparados de la forma más adecuada, el apetito desmedido y la «necesidad» de dulces empiezan a atenuarse de forma automática, sin esfuerzo alguno. Mientras tanto, puedes ayudar a tu organismo a depurarse correctamente, comiendo abundantes cantidades de fruta bien madura y, por lo tanto, dulce por naturaleza propia (hasta una naranja o, incluso un limón, son «dulces» si maduran en el árbol). Busca fruta no brillante y recogida bien madura.

Cuando tengas un gran deseo de galletas o de dulce, intenta comer alguna cosa menos «refinada», de las que venden en tiendas especializadas en alimentación natural, o bien prepara en casa una de las recetas que se sugieren en este libro.

Si tienes ganas «reiterativas», es mejor no llegar a una fase irrefrenable de deseo que te lleve a vaciar la nevera por la noche

o a abandonar las reglas alimenticias que acabas de iniciar. Es preferible concederte una «orgía» alimenticia y comprarte tu pastel preferido, preparar bien la mesa, tomarte todo el tiempo necesario y comer a voluntad, o mejor hasta la saciedad.
Come con lentitud, sin distracciones y deténte cuando te sientas saciado y satisfecho (es importante que la comida no sea una consecuencia de emociones negativas).
Lo mejor será tirar los posibles restos para no tener la tentación de terminarlos más tarde.
No empieces a comer de nuevo hasta que no sientas hambre de verdad. Y, sobre todo, no te sientas culpable de la «trasgresión»: hecho de esta forma, será mucho menos dañina para tu línea y podrás considerarla simplemente como una etapa más para tu futuro bienestar. Es importante procurarse tranquilidad psicológica a uno mismo y convencerse de que, la semana próxima, si lo deseas, podrás repetir la experiencia, pero también y con total libertad, podrás posponerla hasta un momento más lejano en el futuro. La certeza de «poder hacerlo de nuevo» te protegerá de nuevos ataques.

NO TE OLVIDES

No olvides la regla base: come, ya sea fruta, galletas, tostadas o similares, como merienda o cualquier otro tipo de comida. Pero no comas nada ni antes ni después de dicha comida, durante al menos un par de horas. Evita beber al mismo tiempo, sobre todo, café, cola u otras sustancias excitantes, que interfieren demasiado en la secreción insulínica.

Evita utilizar el azúcar blanco para los dulces caseros.
Como fase intermedia, puedes recurrir al azúcar de caña integral y más tarde, pasar a los distintos tipos de miel.
Cada miel de una flor en particular tiene características de sabor y consistencia únicas, que con el tiempo conseguirás apreciar cada vez más.

Escógela siempre virgen integral y consérvala bien cerrada, en un lugar fresco y oscuro.

De vez en cuando puedes recurrir al jarabe de arce, la melaza o el concentrado de peras. Consume con más frecuencia pasas, higos secos y semejantes.

Aprende a apreciar cada vez más el sabor dulce natural contenido en los alimentos no desvitalizados.

Sin duda alguna, este sabor es distinto, menos marcado, pero mucho más variado y gratificante respecto al concentrado y monótono que el del azúcar blanco. Sólo hace falta tiempo para acostumbrarse.

GRASAS - CONDIMENTOS LIPÍDICOS

La función de los lípidos o grasas no es sólo la de hacer una comida más consistente o actuar como vehículo de otros sabores.

La simple presencia de la molécula lipídica, al interactuar con otras sustancias presentes en los alimentos, actúa de exaltador de sabor. Esto explica, por ejemplo, por qué un queso graso suele ser más sabroso que uno sin grasas y por qué un asado obtenido a partir de carne grasa requiere menor adición de otros sabores.

Con un ojo mirando a la salud y con el otro a la línea, deberemos tener en cuenta la cantidad y la calidad de las grasas.

Si bien es perjudicial eliminarlas por completo, el exceso debe evitarse con la misma atención.

A las personas que intenten encontrar un tipo de condimento con la esperanza de que «engorde menos», les tenemos que quitar una ilusión: todos los aceites son lípidos puros hasta en un 99 %.

Por lo tanto, no existe un aceite menos graso que otro, a pesar de que ello no significa en absoluto que un aceite sea igual a otro, desde el punto de vista nutritivo y dietético.

Sobre este tema, es muy importante que el contenido de ácidos grasos, en especial, de tipo monoinsaturados y polínsaturados y de las vitaminas liposolubles (A, E, D y K) sea inalterado y no desnaturalizado.

En la práctica

Prepara algunas botellas de aceite (que conservarás bien cerradas y al abrigo de la luz) con uno o varios de los siguientes sabores: guindilla, laurel, romero, salvia, diente de león, mejorana u orégano. Una pequeña cantidad de estos aceites aromáticos confiere un sabor incomparable a cada plato.
También puedes aromatizar el aceite añadiendo unas pocas gotas de aceite esencial de origen bien conocido. Bastarán unas 10 gotas para una botella de aceite.

Que los aceites sean líquidos a temperatura ambiente es significativo: las cadenas moleculares están más abiertas y son móviles (fluidas, podríamos decir) a causa de la mayor presencia de ácidos grasos insaturados y ello representa, según la opinión de todos los fisiólogos, un gran beneficio para nuestro organismo.

Debemos usar de forma preferente los aceites vegetales y escoger los de calidad óptima, sobre todo, de primera presión en frío o, en el caso del aceite de oliva, que sea extravirgen.

El aceite de oliva es una base excelente que no debería estar ausente de ninguna cocina. Además, se puede alternar con otros tipos de aceite, por ejemplo, el de soja, el de girasol o el de maíz, o incluso con los de mayor valor, como el de lino o de cártamo.

Asimismo, puedes hacer un uso moderado y ocasional de la mantequilla, siempre que sea fresca y empleada cruda. También la mantequilla se presta a mezclas con las hierbas aromáticas.

En cambio, la margarina se obtiene casi siempre de grasas hidrogenadas. La hidrogenación destruye todas las propiedades beneficiosas (siempre olvidadas por la publicidad) de los ácidos grasos insaturados, pues forma cadenas cerradas y de tipo «trans» que parecen poner no pocos problemas a nuestro organismo.

No hablemos ya de los llamados condimentos «light» que tan de moda. En la práctica, se ofrece un producto que contiene una gran parte de agua (la mitad o más). Hasta aquí no hay nada malo, excepto el precio que es más elevado que los productos normales.

En cambio, nos preocupan más otros ingredientes. En primer lugar, los emulsionantes y estabilizantes necesarios para «mantener unidos» los ingredientes, así como los colorantes y conservantes. Debería ser obligado realizar una atenta lectura de las etiquetas, incluso de las partes escritas en caracteres más pequeños. No basta con decir: ¡50 % menos de grasas!

LA SAL

Al igual que los lípidos, también la sal se somete a ciertos procesos de refinado. La alimentación, con una adición excesiva de sal de cocina, demasiado pobre en magnesio, ha hecho desencadenar la alarma y han aparecido numerosas propuestas de dietas hiposódicas y de «sales alternativas», menos ricas en sodio.

En efecto, todos los alimentos industriales tienen, entre otras cosas, el inconveniente de ser excesivamente ricos en cloruro de sodio (que es la fórmula química de nuestra sal común de cocina), por ello las personas que no siguen una alimentación natural, preparada con alimentos frescos, ingieren dosis excesivas de sal.

Las personas con exceso de peso deberían prestar atención al consumo de sal, o mejor al equilibrio sodio-magnesio. La sal tiene además el inconveniente de unirse al agua, incluso en el interior de los tejidos, reteniéndola en exceso en nuestro organismo. La regla general para las personas con retención de líquidos debería ser: menos sal, más agua —sin gas—, más verdura cruda y fruta fresca.

En la práctica

- Prepárate unas sales aromáticas con dos puñados de sal marina integral y una cucharada de al menos tres de las siguientes hierbas aromáticas secadas previamente: salvia, romero, orégano, mejorana, diente de león, tomillo, menta o melisa.
- Pon la mezcla en el triturador hasta obtener una mezcla homogénea.
- Conserva la mezcla, junto con un hoja seca de laurel, en un vaso de cierre hermético.
- La parte no utilizada puede conservarse en el frigorífico.

Un uso abundante de hierbas aromáticas conferirá más sabor a tus platos, ayudará a utilizar menos sal y puede contribuir de distintos modos a conservar y recuperar la línea.

Hay que preferir siempre la sal marina integral a la de cocina refinada o a la procedente de sal gema.

Esta sal es un poco más oscura e higroscópica, pero posee la gran ventaja de contener aún todos los minerales de origen presentes en los mares y en la combinación ideal. Esta proporción es semejante a la que está presente en nuestro plasma sanguíneo (un lejano recuerdo de nuestros orígenes «marinos»).

Otra alternativa, que suelen seguir las personas hipertensas que desean reducir la ingestión de sal de cocina, es la llamada sal dietética. En el mercado existen diversos tipos de sal dietética, en los que la cantidad de cloruro de sodio está reducida a una tercera parte.

Otros cloruros, como los de magnesio y/o potasio, ocupan su lugar y, por regla general, no suele constituir problema alguno excepto en caso de insuficiencia renal. No obstante, hay que comprobar el posible contenido de glutamato o «aromas naturales», porque el primero es una sustancia artificial y, a menudo, lo son también los segundos.

Debido a que en casa se puede reducir el uso de sal utilizando las hierbas aromáticas frescas o secas, el uso de sales dietéticas puede ser conveniente sólo en casos de urgencia o de excepción, por ejemplo, de viaje.

Cuidado

- Presta atención a la sal escondida en todos los embutidos, en los quesos y en los platos preparados, así como en los distintos preparados industriales, desde las salsas a las patatas fritas.
- Puedes reducir el uso de la sal si la añades sólo al final de la cocción a sopas y cereales.
- También usarás menos sal si la añades al agua de la pasta tan sólo tres minutos antes de terminar la cocción. Es el momento en el que la pasta se hincha más y absorbe una cantidad de sal que le permite no estar sosa, aunque en cantidad inferior al método tradicional.
- También las leguminosas se salarán sólo hacia el final de la cocción o cuando la cocción haya acabado, entre otras cosas porque la presencia de sal puede dejarlas duras.

ESPECIAS Y HIERBAS AROMÁTICAS

La homogeneización general (por no decir, la desaparición) de los sabores ha conducido a usar de forma demasiado rutinaria la sal y la pimienta.

¿Qué ha ocurrido con el resto de sabores como la nuez moscada, el pimentón, la canela, por hablar de especias exóticas, o con los más autóctonos como el enebro, la mostaza, el anís, el comino o el laurel?

¿Y qué es de la amplia gama de plantas sabrosas como el rábano, las alcaparras, el apio y otras?

Dar el espacio que merecen todas las plantas aromáticas útiles y sus usos requeriría un libro completo. Sin embargo, puedes intentar redescubrir sus numerosas propiedades y utilizarlas cada vez más para cocinar.

Tus platos ganarán sabor, serán más digestibles (muchas hierbas aromáticas tienen propiedades terapéuticas, entre las que se cuentan las digestivas) y serán completos desde cualquier punto de vista. Te inducirán a cometer cada vez menos «pecados de gula» originados por el consumo de platos monótonos y poco gratificantes.

No esperes de ninguna especia un marcado efecto «adelgazante» directo. No obstante, apreciarás que el incremento del uso de especias para cocinar, te ayudarán a recuperar la línea ideal y también los placeres del paladar.

LAS VERDURAS

¿Condimentar con verduras? Pues, claro. Las verduras son el complemento ideal de numerosos platos, desde el punto de vista nutritivo y gastronómico. Te permitirán preparar platos bien combinados. Pongamos por ejemplo la pasta: un plato de espaguetis con calabacines

NEUTRO

o de fusillis con pimientos o macarrones con tomate y berenjenas, o al pesto o con una cucharada de lentejas... O bien, imaginemos el arroz con guisantes y perejil, la polenta con setas, la sopa de centeno con berzas... Las variantes son infinitas y hasta en las pizzerías ya se pueden encontrar pizzas vegetarianas de distinto tipo.

Se puede aplicar la misma afirmación para los platos de carne, queso o huevos, que se vuelven mucho más alegres de color, digestibles y completos con la incorporación de las verduras, durante la fase de cocción o como «condimento» (sobre el alimento de base), acompañamiento o como guarnición siempre que sea en cantidades abundantes.

También puedes usar las verduras como «condimento» de tus platos, es decir, para la preparación específica de salsas, cremas y otro tipo de aliños. Ello te permitirá combinar bien las comidas y hacerlas mucho más ligeras desde todos los puntos de vista.

Comer fuera de casa

No es obligatorio comer en un restaurante o en un bar. Estudia la posibilidad de llevarte algo de casa; es mucho más fácil de lo que imaginas.

- Conviene tener un recipiente de cierre hermético, a ser posible plano, para poderlo llevar con más comodidad dentro del bolso o el maletín.
- Si lo necesitas, guarda en un cajón de la oficina unas cuantas servilletas, vasos y cubiertos.
- Es muy útil tener una cucharilla para el yogur y un cuchillo muy afilado para mondar y cortar la fruta.
- Quizá también necesitarás llevarte de casa otro pequeño recipiente con el condimento preparado: aceite, sal, limón, hierbas aromáticas, etc. Un poco de verdura cruda como apio, zanahorias, rábanos y otras verduras similares se convierten pronto en un agradable tentempié.
- En el coche puedes tener muesli en barritas o bien almendras o avellanas ya peladas.
- Si te gusta tomar algo caliente, ten en cuenta la utilización de un termo de dimensiones adecuadas, por ejemplo, para una sopa.

Sugerencias para no fracasar

Si consideras que tu peso es casi como un enemigo, necesitarás constancia, y también astucia, para conseguir vencerlo.

A continuación, citamos un sencillo listado de sugerencias para conseguirlo:

- Cómo comprar.
- Cómo organizar el frigorífico.
- Qué hay que sacar a la mesa.
- Cómo comer correctamente en casa o en el restaurante.

Por supuesto, todo ello enfocado desde una óptica «adelgazante».

Por favor, lee el capítulo completo. A continuación, vuélvelo a leer y subraya todo aquello que te parezca más fácil de llevar a la práctica. El resto de consejos quizá se vuelvan importantes más adelante, por lo que podría ser útil volver a consultar este breve capítulo una vez más, al cabo de dos o tres semanas, para «ajustar el tiro».

Cuidado

- Si no tienes tiempo de comer con tranquilidad, bebe un vaso de agua.
- Quizá tengas tiempo para un yogur o un zumo, pero recuerda que tampoco éstos se pueden tragar sin más, hay que insalivarlos con atención y tomarlos a pequeñas dosis.
- No comas si tu estado de ánimo no es positivo.
- El aburrimiento, la ira, la ansiedad y el cansancio son estados que, con facilidad, nos hacen comer más de lo necesario o las cosas menos adecuadas.
- Incluso si es la hora de comer, pero no te sientes completamente a gusto y con el apetito ideal, busca una excusa para no sentarte a la mesa, aunque te estén esperando.
- De vez en cuando bebe un vaso de agua a sorbos y organízate para poder comer algo más tarde, cuando estés en mejores condiciones de ánimo.
- Si sabes que por lo general, o al menos con frecuencia, en un determinado entorno se termina con discusiones o bien se crean tensiones, encuentra la forma para no comer en dicha situación.

Varios consejos más

LA COMPRA

A continuación se citan algunas sugerencias para hacer la compra desde una óptica «adelgazante».

- *No salgas nunca* a hacer la compra *con el estómago vacío*, con un hambre canina. Seguramente sentirás la tentación de comprar de todo, incluso cosas completamente inútiles que después tendrás que tirar o te verás obligado a consumir y a contradecir los buenos propósitos. Es posible que hayas empezado una caja de galletas o un helado antes de llegar de nuevo a casa... Por lo tanto, antes de disponerte a hacer la compra, come al menos una fruta o mastica un tallo de apio. Lo ideal sería poder salir justo después de una comida. Si por el contrario, haces la compra cerca del trabajo, intenta al menos beber un vaso de agua antes de salir.

• No *improvises la compra* porque también en este caso terminarías por comprar muchas cosas inútiles. A propósito, ¿sabes que hoy se utilizan refinadísimas estrategias de marketing, estudiadas para inducir al cliente a hacer compras muy superiores a las que tenía previstas? Para ello, la mercancía se expone de forma particular. Los productos a los que se quiere dar mayor salida se encuentran a la altura de los ojos (los que son más necesarios o requieren menos publicidad se encuentran en la parte baja o muy arriba). Los puntos favoritos son los expositores cercanos a las cajas, donde a menudo se está obligado a hacer cola y extrañamente surgen las compras «olvidadas». Otros puntos estratégicos son las estanterías de los pasillos donde se pasa con más frecuencia.

• Por todo ello, *sal con un lista de la compra confeccionada con tranquilidad* y, si fuera necesario, consulta los capítulos de este libro. Cuenta para cuántos días necesitas hacer la compra y qué necesitas. Si por ejemplo sueles ir a comprar dos veces por semana, es inútil comprar provisiones para un mes o comprar más de un producto que sea perecedero, simplemente porque se trataba de una «oferta especial».

• *Cíñete de forma rigurosa a la lista de la compra* y no compres nada más; si la has confeccionado con atención, controlando los ingredientes que aún dispones en casa, seguramente no te faltará nada para la preparación de los menús.

• *Es útil conocer otra estratagema usada en los supermercados*: en general, los puestos de fruta y verdura y otros productos frescos se encuentran en el perímetro del local. En cambio, en el centro se encuentran los pasillos con las conservas, botellas... que interesan más a los dueños de los supermercados, pero que serán poco o escasamente útiles para una alimentación sana y natural.

- Comprueba si en la tienda se encuentra *una zona con productos dietéticos o biológicos*. No siempre están agrupados juntos, a veces encontrarás las infusiones en una parte, el pan integral en otra y los copos de cereales aún más lejos.

También puede darse que tengas que buscar una tienda especializada para encontrar algún producto sugerido en este libro. Pronto descubrirás si puedes confiar en los conocimientos del personal de este comercio. En estas tiendas tampoco caigas en la tentación de comprar más cosas o alimentos distintos de los que habías previsto.

- *Comprueba con atención las etiquetas* de cada producto antes de ponerlas en el carro o la cesta. Los productos más actualizados te informan del contenido en glúcidos, lípidos y proteínas. De todas formas, en las etiquetas debe constar de qué está compuesto el contenido. Un largo listado de sustancias que empiecen con la letra E debería levantar tus sospechas. Prefiere los productos frescos y a ser posible, sin aditivos de ningún tipo. Ya hemos hablado de las grasas hidrogenadas en el capítulo titulado *Un secreto: saber condimentar*, así como de las virtudes de los cereales integrales y/o biológicos.

- *Presta atención* también *a la fecha de caducidad*. Si puedes escoger entre un producto que caduque al cabo de tres meses y otro idéntico con fecha de caducidad al cabo de un año, opta por el más fresco, el que tiene una vida más larga por delante. Por ejemplo, con los yogures, el tiempo pasado desde la preparación incide de forma notable en la cantidad de microorganismos vivos aún presentes. En cambio, con la leche los criterios son distintos y más vale coger una leche pasteurizada que una UHT o de larga conservación.

- Recuerda que en un día gris y lluvioso es mayor la tentación de comprar más dulces, pasta y carbohidratos en general. Cuando hace calor nos tientan los helados y cuando hace frío nos atraen las bebidas calientes y los alimentos hipercalóricos. La alimentación deberá tener en cuenta las estaciones, así como el clima del día, pero protégete de las compras demasiado impulsivas.
- Haz un listado de las cosas que utilizarás en primer lugar durante la semana y comprueba dónde lo puedes comprar. Borra de la vista todo lo que no servirá, durante el periodo de tiempo determinado, sobre todo los productos que contengan azúcar refinado, harina blanca, la comida preparada, las salsas, etc. Si no quieres separarte de ellos de inmediato, dáselos a algún compañero de trabajo o bien colócalos en un armario de difícil acceso. En seguida, apreciarás que los alimentos naturales tienen un sabor más completo, se prestan a preparar menús muy gratificantes e inducen mucho menos a la tentación de saltarse las reglas.

EL FRIGORÍFICO
Es importante saber organizar el frigorífico

- ¿Eres de las personas que se levantan por la noche para arrasar el frigorífico? ¿O bien de aquellos que llegan a casa hambrientos y abre la nevera o el congelador para ver lo que puede echarse a la boca en el menor tiempo posible?

Si es tu caso, es muy importante que *la nevera esté bien provista*, pero sólo con las cosas que hayas decidido comprar durante la semana siguiente.

- ¿Sientes necesidad de tener algo a punto para el hambre imprevista? Si así es, en primer lugar, deberás tener una buena provisión de agua y preparar de antemano, al menos una vez al día, algunas infusiones que, si lo deseas podrás conservar en la nevera (aunque sería mejor hacerlo a temperatura ambiente).
- En una bolsita de tela, a su vez envuelta en una bolsa de plástico, conservarás varias ensaladas, cuidadosamente mondadas, lavadas y secas. En otra bolsa semejante colocarás las

verduras como las zanahorias, apio, pimientos y otras verduras de temporada. Y también dispondrás de yogur, leche, queso y huevos. Si vives solo, es fácil calcular la cantidad necesaria para no tener reservas mayores. En caso contrario, resérvate un compartimiento exclusivo si prevees que tu comida será distinta a la de los demás.

* Sobre todo, procura que no desaparezcan tus «tesoros» en la boca de algún depredador nocturno de la nevera.

EN LA MESA

Veamos qué hay que sacar a la mesa

* Poner la mesa con gran detalle, incluso si comes solo. Comer de prisa, distraído, de pie o directamente del envase no permite apreciar bien el alimento y, al cabo de poco tiempo, puede aparecerte la sensación de estar insatisfecho, como si no hubieras comido nada. Es decir, que te sentirás inducido a comer de nuevo, pues interpretarás como hambre esa vaga sensación de vacío.

* Debes saber que los colores influyen en el apetito y la digestión. Realiza algunas pruebas con distintos manteles, platos, vasos, etc. Notarás que el color amarillo estimula más el apetito (pero no descartes ese color a priori: comer con apetito no significa comer demasiado), mientras que el rojo lo inhibe ligeramente. Haz algunas pruebas para comprobar qué colores predisponen a un ambiente más relajante. Es probable que no sean siempre los mismos a todas horas del día o en cada estación del año. En verano podrías preferir el azul claro u oscuro, y en la estación fría los tonos más cálidos, el rosa, el melocotón o el ocre. Por la mañana, el blanco y el rojo son probablemente más «energéticos» para las personas que tienen problemas para levantarse y, por ello, pueden ser ideales para el tazón de muesli, mientras que por la noche es probable que se relajen más con el verde o el turquesa.

* ¿Platos pequeños o grandes? Es probable que los dos sean válidos e incluso que necesites hasta una tercera medida.

Una ración pequeña perdida en medio de un plato enorme provoca tristeza y te dejará una sensación de privación, por lo tanto evítalo para los alimentos que consumas solo y en pequeñas cantidades. Si te preparas un alegre plato único, compuesto por ejemplo de diversos tipos de verdura y quizás una ensalada marinera, dispónlo todo cerca, en pequeños montículos y en un plato muy grande.

Por la noche, recuerda...

Poner en remojo las cosas para el día siguiente:

- las leguminosas secas como las habas, los guisantes y similares;
- los frutos secos como los albaricoques y las ciruelas para el muesli;
- las semillas para que germinen;
- cereales para preparar copos caseros (basta una hora de remojo, después déjalos escurrir en un colador);
- cereales integrales para reducir el tiempo de cocción, por ejemplo, la cebada pelada, la avena, el trigo o el arroz integral.

• No saques el salero a la mesa, al menos no como rutina. En el capítulo *Un secreto: saber condimentar* ya hemos hablado de la posibilidad de reducir la cantidad de sal usada. Es mejor no añadir demasiada sal durante la cocción y hacerlo, según la necesidad, al final. Esta operación debe realizarse en la cocina, cuando se prueba la comida antes de sacarla a la mesa.

• Saca a la mesa una pequeña aceitera con un aceite obtenido de primera presión en frío. El recipiente deberá tener un buen sistema de cierre. Recuerda colocarlo en un lugar fresco y al abrigo de la luz en cuanto retires la mesa.

• También puedes sacar a la mesa una cestita con diversas hierbas aromáticas secas, o bien un plato en el que dispondrás hierbas aromáticas frescas como la albahaca, mejorana,

perejil, cebolleta u otras que se añadirán a cada plato en el último momento.
- Considera también la conveniencia de sacar a la mesa, o en un carrito, una tabla de madera y un cuchillo bien afilado. Cortar y condimentar las verduras crudas en el último momento es una actividad que origina la producción de saliva y predispone a saborear (y digerir) correctamente la comida. En este caso, también deberás tener el salero al alcance de la mano.
- Prepara en una fuente o en un carro el menú y llévalo a la mesa. No te excedas en la cantidad de comida, porque la tentación (o a veces, la distracción) sería demasiado grande. No te sientas obligado a terminar todo lo que hayas sacado a la mesa o lo que haya en el plato. Cuando te sientas saciado, deja de comer y aleja de la vista cualquier resto de comida.
- Si, por costumbre, sacas bebidas a la mesa, intenta no probarlas. Si sintieras sed a pesar de la cantidad de verduras frescas, bebe hacia el final de la comida, o mejor, al cabo de una hora. De todas formas, es preferible levantarse y tomar un vaso de agua, si la sed fuera realmente imperiosa (quizá porque te hayas excedido con un sabor picante), que beber de forma habitual en cada comida, sin ni siquiera darse cuenta.
- Además, intenta no tener que levantarte de la mesa, porque las interrupciones, al menos en personas sensibles, pueden interferir en el proceso correcto de digestión. Organizarse bien antes de las comidas suele ser suficiente para remediar este problema.

LA COMIDA

¿Pero cómo tenemos que comer?
- ¿Tienes por costumbre hacer dos o tres cosas al mismo tiempo? Deja de hacerlo, al menos durante el tiempo dedicado a comer. Concentrarte en la comida te permitirá apreciar la comida y digerirla mejor. Por ello, nada de televisión o periódico. Si el insólito silencio te parece difícil de soportar, pon música agradable y a volumen bajo.

- Una conversación amistosa forma parte de los placeres de la mesa, siempre que sea realmente agradable. Las discusiones, ya sean de trabajo o familiares, deberían estar rigurosamente prohibidas en horario de comida, porque pueden interferir el proceso correcto de digestión y a menudo incluso la cantidad de comida ingerida, a menudo de forma inconsciente.
- Corta los alimentos a trocitos pequeños.
- No empieces a cortar el siguiente trozo antes de haber ingerido el que tienes en la boca. También deberías adquirir la costumbre de apoyar los cubiertos en la mesa y a no cogerlos antes de haber terminado.
- No te pongas nada *en la boca* mientras aún tengas la más mínima parte del bocado precedente.

¿Terminar **el plato**?

Pues claro que no. Era (y es) la pesadilla de los niños que, a menudo, se transforma en costumbre en los adultos. Ciertamente es desagradable tirar los alimentos, pero bastará con poner menos cantidad en el plato y después repetir las veces que haga falta. Comer más allá de la sensación de saciedad destruye nuestro instinto y sobrecarga el organismo, por no hablar de los problemas de las personas obesas. En lugar de no dejar restos, se puede intentar reciclarlos en una sopa o en cualquier otro plato.

- Mastica, mastica y mastica. Ésta es la regla más importante, tanto para digerir bien, como para conseguir y mantener tu peso ideal.

No hay que contar el número de «masticaciones». Basta tan sólo con retener lo que puedas la comida en la boca mientras no dejas de masticarla. Llegará un momento en que el bocado estará tan desmenuzado e insalivado que parecerá licuado y descenderá sin esfuerzo alguno por el esófago.

- Por supuesto, masticar bien requiere cierto tiempo. Por ese motivo, deberás tomarte todo el tiempo necesario y quizá también unos instantes de relajación después de la comida.
- Cuando hayas terminado la comida, levántate de la mesa. Puedes retirar la mesa, poner los alimentos perecederos en un lugar fresco y retirar de la vista cualquier resto de comida. Después, dedícate en seguida a otra cosa, ya sea a un breve descanso o al trabajo.

EN EL RESTAURANTE

Consejos para no engordar en el restaurante.

- Al llegar a un restaurante con buen apetito, se escogería todo el menú, desde principio a fin. En realidad, a medida que comemos, el hambre va aplacándose y, a menudo, nos encontramos con raciones demasiado grandes. Si estuvieras realmente hambriento al llegar a un restaurante, pide algo que puedan servirte en muy poco tiempo y que llene el estómago. Por ejemplo, resultan muy útil un vaso de agua, un zumo de tomate, un puré de verdura o mejor aún una ensalada cruda mixta. Después, podrás escoger el menú que te apetezca.
- Conviene tener las ideas claras: ¿quieres una comida proteica o amilácea? Esto se puede descubrir dialogando con el camarero. A menudo, el plato fuerte de un determinado restaurante es el «primero», mientras que en otros el cocinero apuesta por los «segundos». Evita los platos con salsas, los entrantes muy pesados y los dulces. Lee atentamente el menú y, si tienes dudas, pregunta al camarero para saber qué es lo que está acabado de preparar. A menudo, lo mejor es coger el plato del día. No debe avergonzarte pedir, después de leer una extensa carta de platos complicados, unos espaguetis con aceite y tomate fresco.
- Exige condimentar tú mismo las verduras y ensaladas.
- Avisa también que no te viertan las posibles salsas (mayonesa, salsa rosa, etc.) sobre los alimentos, ya sea en el plato, junto a los alimentos o aparte. Así podrás controlarte mejor.

- Mientras esperas que te sirvan, no empieces a comer trozos de pan o grisines.
- Excepto si se trata de una ocasión especial o si has pedido un plato proteico, no pidas vino o cerveza. Puedes beber agua a sorbos mientras esperas que te sirvan la verdura cruda.

EN GENERAL
Diversos consejos para todas las situaciones
- ¿Has transgredido las normas? No abandones y, sobre todo, no pienses: «Ya lo he estropeado todo» o «No soy capaz». Simplemente, toma nota del «salto» y vuelve a empezar con una alimentación sana y correcta.

Te darás cuenta que una buena alimentación sin carencias nutritivas conseguirá hacer desaparecer, sin ningún esfuerzo por tu parte, las «ganas» infundadas de comer. Si después, en alguna ocasión puntual, cometes un «pecado de gula» no repercutirá demasiado en la balanza.

- No dejes para mañana lo que puedas hacer hoy. No vale decir que no se tienen todos los ingredientes adecuados. Es verdad que si los alimentos son de calidad es mejor, pero ya puedes empezar a organizar una correcta combinación de las comidas.

- ¿Sospechas que tus costumbres alimentarias son desordenadas? A menudo, los psicólogos han descubierto que las personas con exceso de peso son «mentirosas». De forma inconsciente, por supuesto. Creen que son completamente sinceras cuando afirman que comen «poquísimo, casi nada». Quizás interpretan, por ejemplo, que las avellanas o el arroz hinchado, fuera de las comidas, es algo que no cuenta». Otras veces pican de forma distraída, pensando siempre que son cosas sin importancia.

Una buena idea para estos casos consiste en anotar, en un diario o en un simple papel. Escribiremos, indicando fecha y hora, todo lo que comamos, durante una semana entera. He visto cómo algunas personas palidecían al ver todas las anotaciones: hasta ese momento no se habían dado cuenta en absoluto de sus costumbres alimentarias.

¿CONVIENE HACER EJERCICIO?

Claro que sí. No sólo para mantener la balanza dentro de unos límites saludables. No confíes tu línea tan sólo a una buena alimentación, intenta también hacer ejercicio.

- También puedes hacer otro listado: escribe en el lado izquierdo de un folio todos los alimentos que hayas consumido en una semana. Luego, escribe en el lado derecho todos los posibles sustitutos que te ayudarían a alimentarte de una forma sana.
- Ten a mano este folio cuando prepares la lista de la siguiente compra.
- Cuando sientas «un ataque de hambre» (con el tiempo conseguirás comprender si lo ha originado el aburrimiento, la tensión nerviosa, etc.), intenta no ceder a la tentación, al menos no en seguida. Para ello, busca una ocupación, a ser posible muy agradable y que absorba por completo tu atención.
- Si lo que te provoca las crisis es pasar por delante de las pastelerías, intenta cambiar de itinerario.
- ¿Sientes necesidad de masticar al sentarte frente al televisor? Prepárate un plato de tallos de apio crudo y tenlos al alcance de la mano. También tendrás que hacer desaparecer todas las cosas de picar, dulces y saladas. O cambia el programa de televisión (dicen que la televisión engorda y es verdad) por un paseo a pie, ir al cine, practicar una hora de gimnasia o de bicicleta en casa, hacer cualquier arreglo o poner ese orden que tantas veces has pospuesto.
- ¿Renunciar a algún plato en particular te cuesta mucho sacrificio? Establece tú mismo un programa. Por ejemplo,

al cabo de dos semanas de combinaciones alimenticias realizadas de una forma correcta, incluso utilizando los alimentos más sanos, concédete un premio, por ejemplo una tarta.
Cómprala entera y haz una comida con ella. Come sólo la tarta, toda la cantidad que quieras. Detente cuando te sientas satisfecho y deshazte de las sobras, para no sentirte obligado a terminarla el día siguiente.

Si tienes hambre entre comidas...

¿Cuántas veces has oído o leído la advertencia de no comer entre comidas? El consejo puede ser válido para la persona que come sin darse cuenta, por costumbre, por nerviosismo u otras causas. Este hábito puede llegar a ser perjudicial en otros casos. Si se siente hambre de verdad y se retrasa demasiado el momento de satisfacer esta necesidad del organismo, se llega a un estado famélico tal que lleva a comer con mucha voracidad y deprisa (es decir, demasiado) y cualquier cosa que se tenga a tiro. Es mucho mejor ceder al impulso de «llevarse algo a la boca», siempre que sea de fácil digestión y dé un cierto trabajo a los dientes. Son excelentes ejemplos las zanahorias y los tallos de apio. No «descombinan» con la próxima comida y no influyen en la balanza.

- No digas a nadie que «estás de régimen». Es un argumento que se repite con demasiada frecuencia y que no levanta simpatías. Incluso, es probable que los demás intenten disuadirte. Además, no es cierto, no estás de régimen. Simplemente, estás siguiendo un tipo de alimentación correcto y sano que, entre otras cosas, te ayudará a mantener la línea. Pero tampoco merece la pena hablar demasiado de este tema.
Deja que sean los hechos los que hablen por ti, porque al cabo de pocas semanas todos te preguntarán qué has hecho para tener esa figura.

Si entretanto te preguntaran porqué en lugar del café con leche con cruasán has pedido un yogur o un zumo, o bien durante la comida pides un primero abundante o un buen segundo, siempre con mucha verdura, responde simplemente que «hoy te apetece pedir eso» y cambia de tema.

- Pésate una vez por semana. Es mucho más gratificante ver un resultado concreto que obsesionarse cada día con el mismo gesto.
- Prueba nuevos tipos de verdura y vegetales, nos referimos a fruta o verdura que antes no utilizabas; y nuevas recetas.

EL PESO IDEAL CON LAS COMBINACIONES DE LOS ALIMENTOS

Comprender
el porqué

Desaparecen los mitos

Comer, dormir y respirar. Las funciones más naturales y vitales deberían ser completamente espontáneas, sin riesgos de obstáculos. Pero, ¿cuántos «atropellos» podemos contar a nuestro alrededor, incluso entre personas muy jóvenes ¿Quién de nosotros respira siempre de forma correcta y tiene un aparato respiratorio bien desarrollado? ¿Y cuántas son las personas que se lamentan de problemas de sueño o que recurren de forma habitual a somníferos?

En lo que respecta a la alimentación hay que decir que hoy no es fácil orientarse, entre afirmaciones contradictorias y sobre todo en la múltiple y siempre creciente oferta de «bienes de consumo», comidas preparadas, de aspecto apetitoso y de composición compleja. Quien intente hacer algo para mejorar su propia alimentación deberá resolver numerosos tópicos, bien enraizados y difíciles de derribar. Veamos algunos de ellos.

¿Demasiadas grasas alimenticias? «El exceso de grasas alimenticias provoca la obesidad.» Se trata de una afirmación con un fondo de verdad, pero que merece ser analizada con más atención. En el curso de este siglo, el consumo de lípidos o grasas alimenticias, sobre todo de origen animal, se ha multiplicado, mientras que ha disminuido notablemente la actividad física.

Además, nuestras viviendas son más confortables y cálidas, respecto a las de siglos anteriores, por lo que los lípidos no sirven ni siquiera para la termorregulación (un delicado mecanismo de nuestro cuerpo para mantener estable nuestra temperatura interna alrededor de los 36,5 °C, ya que necesita disponer de una mayor cantidad de «combustible» cuando la temperatura exterior es fría).

Si la introducción de calorías supera el consumo, el cuerpo tiende a formar acumulaciones (los odiados michelines adiposos).

Colesterol, ¿una dieta aparte?

Las personas que se rigen por las sencillas reglas indicadas en este libro no necesitan realizar cálculos difíciles, ni de calorías, ni de alimentos sin colesterol. Recuerda que la cantidad de colesterol directamente introducida por la alimentación es sólo una parte del problema. La cuestión más importante reside en la cantidad global contenida en la alimentación y en el metabolismo.

Eliminar por completo la ingestión de lípidos, con la esperanza de adelgazar, sería un error muy grave. Afortunadamente, no existe una alimentación que carezca por completo de lípidos (incluso la fruta contiene una reducida cantidad), porque son indispensables para la asimilación de las vitaminas liposolubles (es decir, que se disuelven en las grasas) como la A, la D y la E. Además, los ácidos grasos, un componente importante de los lípidos, son insustituibles para toda una serie de procesos vitales, empezando por la protección de las membranas de todas las células y terminando por el correcto funcionamiento del cerebro y el sistema nervioso.

Por ello, las dietas que sugieren una reducción muy drástica de cualquier fuente lipídica entrañan, a largo plazo, riesgos importantes para nuestro bienestar.

En lugar de eliminarlos de raíz, hay que realizar una atenta selección de las fuentes lipídicas y usarlas de la mejor forma, tanto en la cocina como en la mesa.

Las calorías. «Hay que contar las calorías.» Esta afirmación es verdadera y falsa a la vez. En efecto, cualquier tipo de alimento desarrolla un poder energético distinto, y es conveniente conocer, al menos a grandes rasgos, estas características para poder cubrir en la medida justa la necesidad individual del momento (que varía en función de la edad, sexo, metabolismo, actividad y estación).

La caloría es una unidad de medida que, con el símbolo «cal», define la cantidad de calor que necesita para elevar la temperatura de un gramo de agua destilada de 14,5 °C a 15,5 °C. En cambio, el símbolo cal o kcal indica el calor necesario para elevar un grado un litro de agua.

También se utiliza mucho el término «julio» como unidad de energía. La equivalencia es de 4,18605 julios por 1 caloría.

Sería un error grave atribuir a los alimentos un valor sólo en función del contenido de calorías o julios. Con ese método correríamos el peligro de no tener en consideración otros factores nutritivos, iguales o más importantes para nuestra salud.

Por ejemplo, si una tabla indica sólo el valor «energético» de un alimento, está infrigiendo por completo el indispensable aporte de ácidos grasos esenciales, de vitaminas, sales minerales, oligoelementos, fibras, aguas y otras sustancias.

De esta forma, tendríamos que descartar, por principio, las almendras o las nueces pues son «altamente calóricas», a pesar de que estaríamos renunciando a un precioso aporte nutritivo; y deberíamos sustituirlas por otros alimentos menos calóricos, pero proporcionalmente también mucho más pobres en elementos nutritivos fundamentales.

Se trata, pues, de tener en cuenta los distintos componentes nutritivos para poder combinar bien la comida y obtener de esta forma platos equilibrados en todos los aspectos.

NO TE OLVIDES

Si se ponen en práctica los consejos de este libro, en breve tiempo serás capaz de dar menor importancia al cálculo de calorías y comer volverá a ser la cosa más natural del mundo.

Los laxantes. «Si el intestino es perezoso, tiende a acumular peso. Hay que contrarrestar este efecto con laxantes.»

Mientras que la primera afirmación es bastante cierta, la segunda es decididamente peligrosa.

El uso de laxantes de cualquier tipo (también los «naturales» exclusivamente vegetales, incluidas las infusiones laxantes), lleva al organismo a acostumbrarse a su acción y de ahí a perjuicios de distinto grado para todo el organismo.

Si el vaciado del intestino es provocado y no tiene lugar de forma espontánea, se produce siempre una pérdida superior a la normal de sales minerales, vitaminas y otras sustancias nutritivas. Además, la actividad intestinal fisiológica queda afectada y, por consiguiente, la absorción de los elementos nutritivos es incompleta. Ello entrañará nutriciones y metabolismos incorrectos.

Por lo tanto, la única forma de prevenir y curar el estreñimiento es la «dieta» en el sentido original del término, es decir, siguiendo un correcto modo de vivir, empezando por una buena alimentación. Como siempre, la excepción confirma la regla: si durante un viaje, el intestino dejara de trabajar al ritmo normal, es preferible tomar un laxante o realizar una lavativa a acumular un exceso de toxinas.

Los líquidos. «Para perder peso, hay que reducir la ingestión de líquidos y, si fuera necesario, provocar la diuresis.»

Ésta es una convicción peligrosa como pocas y, sobre todo, completamente falsa. Incluso si una notable eliminación de los líquidos corporales, en forma de sudor (por ejemplo con la sauna o el ejercicio físico) o de orina, hace descender la aguja de la balanza, se trata de un engaño.

Por fortuna, la mayoría de las veces el organismo intenta recuperar lo antes posible el líquido perdido, y en tal caso el peso corporal recupera los niveles iniciales. Si no fuera así, nuestra salud correría un grave peligro a causa del exceso de eliminación de agua o de electrolitos (calcio, potasio y cloro, indispensables para los procesos metabólicos de las células).

NO TE OLVIDES

Beber una cantidad de líquido suficiente es una prerrogativa para el correcto funcionamiento intestinal y renal, y por ello, es indispensable para tu peso y buena forma.

Sin lugar a dudas, es útil estimular la actividad renal, pero nunca con fármacos diuréticos, sino con alimentos y bebidas que originen un intercambio fisiológico.

La mejor bebida para ello es el agua pura (la del grifo o bien la mineral sin gas).

De forma esporádica, puedes recurrir a una o dos tazas de infusión con suave efecto estimulante en los riñones como la grama (raíz), la ortiga (hojas), el espárrago (partes tiernas), el hinojo (semillas), el perejil (hojas y raíces), el abedul (hojas), la cebolla y otras. Asimismo, todos los caldos de verdura, es decir, el agua de cocción, ejercen un excelente efecto depurativo-diurético y por lo tanto no hay que tirarlos nunca, sino que se beberán, por ejemplo, como aperitivo (aderezados con unas gotas de limón, si se desea) o entre las comidas. El café y el vino, en especial si es gasificado, provocan la diuresis, pero es preferible no recorrer a ellos en exceso... para no tomar esta característica como excusa para abusar.

En general, es preferible beber fuera de las comidas, para no interferir con la correcta masticación, insalivación y digestión.

La prescripción de los tiempos a respetar es sólo a título indicativo: conviene esperar entre 15 y 30 minutos, como mínimo, entre una bebida abundante y el principio de la comida. Mientras que desde el final de la comida es mejor esperar, dependiendo de la composición del mismo (tiempos de digestión más o menos largos) de media hora a dos horas.

Pero ante todo hay que recordar que para conseguir y mantener su peso ideal y para sentirse bien es indispensable introducir una cantidad suficiente de agua, cada día. Para una persona adulta, la «cantidad suficiente» de agua oscila alrededor de los tres litros. Al principio, puede parecerte exagerado, pero en seguida apreciarás su acción beneficiosa y no querrás prescindir de ella. Una alimentación rica en fruta y verdura fresca contiene aproximadamente un litro y medio. El resto deberás introducirlo en forma de bebida, es decir, agua y, si lo deseas, infusiones.

NO TE OLVIDES

El vino puede acompañar los platos proteicos, mientras que no es demasiado compatible con los amiláceos. En todo caso, con estos últimos será preferible la cerveza.

¿Carbohidratos o proteínas? «Para adelgazar hay que reducir o eliminar el consumo de pan y pasta y comer filetes y queso.»

Este «mito» ha favorecido la consolidación de una serie de equívocos que encontramos en muchas dietas, más o menos «háztelas tú mismo» y siempre desequilibradas.

En primer lugar, no es en absoluto cierto que las proteínas «no hagan engordar», como se suele creer.

El organismo utiliza una determinada cantidad de proteínas, o mejor aminoácidos (los ladrillos con los que están hechos las proteínas), para construir sus propios tejidos (durante la edad de crecimiento) y para sustituir células y tejidos dañados o envejecidos. La necesidad proteica para una persona adulta se sitúa entre 0,5 y 1 gramos por cada kilo de peso corporal (la diferencia de valoración se debe también a las costumbres alimentarias y a la capacidad del organismo de aprovechar el aporte nutritivo).

No obstante, nuestro organismo es capaz de transformar las proteínas en «material combustible», es decir, en energía, o bien en «desechos», es decir, depósitos aditivos. Esto sucede cuando la oferta proteica es mayor que la necesidad y sobre todo si existe una carencia de carbohidratos en la alimentación y, quizá, de lípidos (que normalmente se utilizan como «gasolina», para seguir con el ejemplo, mientras que las proteínas sirven para la construcción y mantenimiento de la «carrocería»).

NO TE OLVIDES

La «comida» principal del cerebro es el glucosio, un derivado directo de los constituyentes de los carbohidratos.

Nuestro cuerpo es capaz de adaptarse a las situaciones de emergencia, pero ello tiene un cierto coste: metabolizar las proteínas entraña la producción de residuos, que si son superiores a la cantidad normal, se convierten en toxinas y constituyen una grave sobrecarga para algunos órganos, sobre todo para los riñones. Es importante introducir la cantidad justa de carbohidratos, tanto para garantizar la metabolización de las proteínas, como para alimentar los músculos, el sistema nervioso y el cerebro.

¿Cuál es la cantidad justa? Antes habría que entender qué son los excesos y no será una operación sencilla...

En cualquier restaurante extranjero, los españoles pueden distinguirse sin vacilación de las personas procedentes de otros países, no porque coman gazpacho, por poner un ejemplo, sino porque parecen incapaces de ingerir cualquier tipo de alimento sin un generoso aporte de pan, a pesar de que las estadísticas confirman que el consumo de pan ha descendido de forma vertiginosa desde principios de siglo hasta la actualidad.

Es probable que lo que haya cambiado sea más bien el tipo de pan y el acompañamiento.

Prácticamente ha desaparecido el buen pan casero que constituía la base de muchas comidas.

El pan se ha convertido en un «acompañamiento» de muchísimas cosas, cuando no ha sido sustituido por otros productos industriales (galletas, grisines, etc.). Estos sustitutos del pan son sólo un concentrado, pobre de agua y, a menudo, más rico en grasas, como aceites o grasas animales, utilizadas para hacerlos crujientes. Lo mismo ha ocurrido con el arroz y la pasta, pero la cuestión no depende tanto de la cantidad, sino de la calidad y de la correcta combinación.

NO TE OLVIDES

Para recuperar y conservar una línea perfecta, desde cualquier punto de vista (es decir de peso corporal, en exceso o en defecto), no hay que renunciar al pan, la pasta, las patatas, el arroz, y otros productos similares. Todo lo contrario, estos alimentos tienen que conservar un lugar importante en una alimentación equilibrada.

Peso y constitución. «El peso es una cuestión de constitución y está genéticamente determinado, es decir, que depende de los antecedentes familiares.» Esta creencia, bastante extendida y a menudo utilizada como justificación de los fracasos con los regímenes adelgazamiento, tiene una validez científica.

No obstante, conviene analizarla desde distintos puntos de vista: el genético y el de las costumbres alimentarias, que quizá se transmiten de generación en generación.

Nuestro «diseño básico», es decir la estructura ósea pesada o ligera, la forma longilínea o brevilínea... se transmite de padres a hijos y no se puede modificar.

Un niño obeso será difícil que logre mantener bajo control su peso corporal cuando sea adulto, puesto que en la edad infantil es cuando se produce el aumento del número de células predispuestas para el depósito de grasas y su número ya no se reduce en toda la vida.

Por esta razón, los pediatras aconsejan no alimentar en exceso a los niños. Es decir, que ya no vale el dicho que afirma que un niño regordete está más sano y hermoso, sino simplemente que estará potencialmente más predispuesto a mantener ese peso y a menudo a tener menos defensas inmunológicas.

Las costumbres alimentarias adquiridas desde pequeños dejan una huella prácticamente indeleble y pueden condicionar nuestros gustos y preferencias.

¿Cuántas veces hemos oído decir a los niños (y también a los mayores): «Esto no me gusta» o «No me lo como»... A menudo se trata de alimentos que no conocen o no les resultan familiares y sobre los que ya existen prejuicios.

Otras veces, ya han probado dichos alimentos pero se les ha asociado un recuerdo negativo y el rechazo debería ser examinado con mayor atención y quizá seguido de pacientes y repetidos ensayos. A menudo aprendemos a apreciar nuevos sabores por casualidad.

NO TE OLVIDES

Quien desee modificar su imagen corporal deberá estar preparado para estar más abierto y flexible a comidas y sabores desconocidos hasta el momento. A la larga, esto no constituirá un sacrificio, sino un enriquecimiento de la mesa.

Peso y hormonas. «Mi problema es hormonal (o glandular).» A primera vista, no hay nada que objetar a esta afirmación, que hace de la obesidad una patología y del obeso una persona a la que hay que compadecer. Sin embargo, sería oportuno que el interesado viera el nexo entre la causa y el efecto.

Aparte de casos rarísimos de defectos energéticos, los problemas hormonales son una consecuencia directa de nuestra forma de vivir y, en primer lugar, de nuestra alimentación.

Existe también un aspecto positivo: la alimentación puede hacer mucho para corregir los desequilibrios hormonales. Sin duda alguna, hace falta paciencia y constancia. Al igual que se suelen necesitar años, o incluso decenios, de alimentación inadecuada para alterar nuestro complejo sistema glandular, no podemos esperar vistosos milagros en poco tiempo.

Sin embargo, un cambio de las costumbres alimentarias, a menudo, permite observar un cambio incluso en el funcionamiento hormonal y anima a persistir en esta dirección.

Comer fuera de casa. «Lo que me engorda es comer fuera de casa.»

Esta queja es bastante frecuente en boca de las personas que por motivos laborales tienen que comer a menudo en el restaurante, por ejemplo con clientes, así como las personas que tienen que almorzar lejos de casa, por motivos de distancia o tiempo.

En efecto, combinar de forma correcta una comida en el restaurante o en un bar es más difícil que en la cocina de tu propia casa, pero hoy estamos viviendo no pocos cambios en este aspecto. En el restaurante es habitual que el cliente pregunte sobre las combinaciones del menú, la forma de condimentar, la frescura de los alimentos, etc. No es difícil aprender a hacer buenas combinaciones en un restaurante.

Por una vez, la moda de los regímenes puede ser una ayuda porque ahora se respeta a cualquier persona que afirme que un determinado plato no forma parte de sus cánones de dieta. (No obstante, un consejo personal que te doy es el de no aburrir a tus comensales con discursos sobre las reglas alimentarias, sino escoger simplemente y con gran naturalidad lo que pronto se convertirá en tu exigencia, para sentirte bien tanto durante como después de la comida). En este libro encontrarás una serie de sugerencias prácticas que te permitirán continuar comiendo fuera, según tus necesidades y con mayor placer (consulta el capítulo *Sugerencias para no fracasar*, en la sección «En la práctica»).

Comer de todo... pero no todo junto

Una buena mesa es una de las cosas que más une a la gente, tanto es así que a su alrededor se celebran acontecimientos familiares y laborales que sirven para conocerse mejor, gracias a un entorno relajante y agradable.

En cambio, lo que a veces separa a las personas son las costumbres alimenticias, al menos si están muy enraizadas o se defienden con demasiado énfasis, rozando incluso el fanatismo.

Para favorecer la convivencia, ningún comensal debería ser forzado a probar cosas por las que no muestra agrado. No deberíamos imponer nunca a los demás nuestras propias convicciones dietéticas.

La elección de ser vegetariano o carnívoro (u omnívoro como a menudo se define a la persona que come carne) puede dividir los ánimos.

¿Por qué comer **más verduras**?

Razones hay muchas y a continuación indicaremos tan sólo algunas:
- Las verduras favorecen la digestión de otros alimentos y por ello deberían acompañarlos siempre. Al ser alimentos del grupo neutro, pueden combinarse con cualquier otra categoría.
- Son ricas en vitaminas y sales minerales y por ello constituyen un aporte importante a nuestra alimentación.
- El contenido de fibras es tal que contribuyen al buen funcionamiento intestinal.
- Las verduras transmiten una agradable sensación de saciedad y ayudan a controlar el apetito.
- Ingerirlas de forma correcta permite reducir el consumo de sal.

La finalidad de este libro no es emitir juicios sobre las ventajas e inconvenientes de los distintos modelos alimentarios. Por el contrario, tratamos de mejorar el bienestar, incluyendo el peso y la forma de cualquier persona mediante una correcta combinación de los menús.

Al preguntar: «¿Cómo comes?», es frecuente oír respuestas como «De todo» o «Un poco de todo». También es normal oír la respuesta lacónica: «Pues, lo normal», incluso si hasta ahora nadie ha podido establecer lo que hay que entender por «normal», entre otras cosas porque cada uno de nosotros tiene exigencias y costumbres distintas y un concepto distinto de la «normalidad».

De todas formas, siempre conviene comprender si es útil comer «de todo», o si resulta mejor llevar a cabo determinadas elecciones.

A favor del «todo» existen diversos argumentos. Uno de ellos es la posibilidad de desarrollar una mayor adaptabilidad del organismo.

Antes, en un pasado no muy lejano, la persona que podía disponer de distintas fuentes alimenticias aventajaba en mucho a las personas de costumbres muy asentadas, en caso de carestía o escasez de determinados productos.

Esta probabilidad parece demasiado remota en nuestros días, pero la persona que sepa apreciar una amplia gama de alimentos tiene la ventaja de no encontrarse a disgusto cuando viaja o bien cuando es invitado a casa de los demás. Además, enriquece de sabores y perfumes su propia mesa, con lo que evita la monotonía.

No tan sólo son necesarias cada una de las categorías de alimentos (proteínas, carbohidratos, etc.) para el correcto funcionamiento de nuestro organismo; sino que cada alimento individual tiene una composición y unas características distintas, respecto a los demás.

El albaricoque no sólo se diferencia de la manzana por la forma y el sabor, sino también por la época de disponibilidad y por los micronutrientes que la constituyen. Así, la zanahoria es el complemento ideal de la col, por la gama de vitaminas y minerales que contienen, pero también acompaña de maravilla a la lechuga.

> **NO TE OLVIDES**
>
> Variar los elementos es una buena forma de prevenir posibles intolerancias (consulta el capítulo *Variar también ayuda a mantener la línea*).

Comer «bien combinado». Hay personas que afirman que el ser humano siempre ha comido una gran variedad de alimentos, mezclados en la misma comida, en recetas bastante más fantasiosas que las actuales y como prueba de ello, citan los menús de algún banquete de la época romana o el Renacimiento, que han entrado en la historia por la fastuosidad de la ocasión y los nombres de anfitriones e invitados.

El ejemplo tiene poca validez porque incluso para las clases más acomodadas, los banquetes eran una excepción, y la gran mayoría de la población, incluso las personas que gozaban de un buen nivel económico, se alimentaban con gran sencillez, siempre animados por los médicos de la época, que ya conocían las propiedades y virtudes de la mayoría de los alimentos genuinos y prevenían contra los excesos de una alimentación desequilibrada.

> **NO TE OLVIDES**
>
> Cada enzima (ptialina, amilasa, pepsina, lipasis) actúa sobre un tipo distinto de alimento y necesita poder desarrollar su función, en un medio determinado.

Una enzima para cada comida

Enzima	Lugar de secreción	Actúa en
ptialina	glándulas salivares	almidones (predigestión); disacáridos, como maltosio, y sacáridos (división)
amilasa	glándulas salivares y páncreas	almidones y carbohidratos en general. Divide los azúcares simples (glucosio) y de reserva (glucógeno en el hígado)
pepsina	estómago	proteínas (las metaboliza en aminoácidos)
lipasis	páncreas	lípidos (los metaboliza en ácidos grasos)

Cuidado

¿Cuáles son las mejores condiciones para un correcto funcionamiento del aparato digestivo? ¿En qué entornos trabajan mejor las enzimas?

- La ptialina se destruye con facilidad en caso de variación del pH (ácido o fuertemente alcalino) y sólo actúa bien en medios moderadamente alcalinos.
- Por este motivo se desaconseja consumir cereales, o almidones en general, con carne o fruta ácida.
- La pepsina sólo está activa en medios ácidos y se destruye de inmediato en un medio alcalino.
- Además, los posibles descensos de temperatura, como sucede tras la ingestión de bebidas heladas, retrasan y tienden a interrumpir su acción.

Alimentos ácidos y alcalinos. Para una correcta alimentación es importante mantener el equilibrio entre el consumo de alimentos con pH ácido y alcalino. Normalmente, necesitamos consumir cuatro veces mayor cantidad de alimentos alcalinos que ácidos. En la siguiente tabla se indican determinadas sustancias y alimentos con distinto pH.

COMPRENDER EL PORQUÉ

pH de determinadas sustancias y alimentos

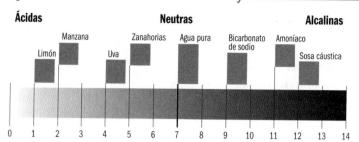

- Esta gráfica demuestra el grado de acidez o alcalinidad (basicidad) de determinadas sustancias y alimentos.
- Ten en cuenta que, en lo que se refiere a los alimentos, no es tan importante conocer el pH de una sustancia en estado natural, como saber qué reacciones se producen dentro de nuestro organismo.
- Las sustancias ácidas pueden tener un efecto alcalinizante (y viceversa, es decir, las sustancias alcalinas pueden tener un efecto acidificante) a causa de las complejas reacciones bioquímicas que tienen lugar durante el delicado proceso de digestión.

¿QUÉ ES EL PH?
Comer de forma «sencilla», «genuina» y «en buena combinación» no significa limitarse a una sola comida o a un solo tipo de comida. Todo lo contrario. La variedad puede y debe reinar en la cocina, donde simplemente se prestará atención a unas reglas sobre la compatibilidad de determinados alimentos.

- Este símbolo fue ideado en 1909 por Soerensen, un químico danés, para indicar el grado de acidez o alcalinidad de una sustancia. El pH es el logaritmo del inverso de la concentración de hidrógeno-iones e indica el «potencial de hidrógeno». Su escala de valores va de 0 a 14 (el valor neutro es el 7). El 0 indica la acidez máxima y el 14 la alcalinidad máxima.
- Cada grado significa una reacción ácida o alcalina multiplicada por diez: una sustancia con un pH igual a 5 es 10 veces más ácida, que la que tenga un pH 6.
- En los laboratorios donde se mide el pH se utilizan sofisticados mecanismos basados en la electrólisis. Para el uso doméstico existen unos cómodos cartoncitos de venta en droguerías que indican el valor a través de la variación de color del cartón: rojo-violeta (reacción ácida); verde (neutro) y azul oscuro (reacción alcalina).

La calidad en primer lugar

«Quien está obeso tiene que comer menos.» Ésta es la afirmación más común en caso de exceso de peso. Aunque lo contrario también puede ser verdad.

Nuestro organismo tiene exigencias inexcusables de determinadas sustancias. A veces, se trata de sustancias de las que sólo se necesitan gramos, miligramos o microgramos, como por ejemplo ocurre con las vitaminas o los oligoelementos (*oligo* significa *poco*).

> **NO TE OLVIDES**
> El hambre no es un capricho o una sensación pasajera fácilmente domable. Al estar directamente relacionada con nuestro instinto de supervivencia, consigue hacerse sentir de forma perentoria hasta que su estímulo es satisfecho de una forma u otra.

No obstante, es fácil que por diversos motivos, el aporte diario no contenga la necesidad individual en la cantidad suficiente. En este caso, aparece un verdadero «hambre» de estas sustancias que se manifiesta... con el deseo de comer más. El instinto conduce a introducir una cantidad suficiente de dichos nutrientes.

Con ello puede instaurarse un círculo vicioso: el organismo carece de las sustancias vitales necesarias y manifiesta dicha carencia con una mayor sensación de hambre.

Se ingieren alimentos carentes de las sustancias necesarias y aumenta la sensación de insatisfacción y hambre.

Una vez más, la salud, el peso y la forma están estrechamente unidos. Tanto para nuestro bienestar, como para mantener la línea, es importante elegir la mejor calidad. Sólo de esta forma tendremos la certeza de no incurrir en carencias, incluso si quisiéramos reducir la cantidad de alimento ingerida, y sobre todo evitaremos el círculo vicioso provocado por las carencias «subclínicas» (es decir, carencias que pueden estar presentes desde hace años, pero que no han dado lugar a síntomas patológicos o clínicos precisos que permitan reconocer su origen con facilidad).

Para hacer que nuestro alimento cotidiano sea realmente de la mejor calidad nutritiva deberemos prestar atención a unos factores fundamentales.

A partir del origen. Cualquier cocinero sabe que para confeccionar un buen plato se necesitan buenos ingredientes.

Pero, ¿qué sabemos sobre la calidad intrínseca de estos ingredientes? El hecho de haber crecido en un suelo fértil, rico en sustancias nutritivas, repercute lógicamente en el sabor, en el aspecto y, lo más importante, en las cualidades nutritivas de cualquier vegetal, por lo que los métodos de cultivo inciden en la calidad final de los alimentos. Desde hace prácticamente un siglo, la agricultura utiliza dosis cada vez más grandes de abonos no orgánicos para intentar mantener o aumentar la fertilidad del suelo.

> NO TE OLVIDES
>
> La elección de los alimentos biológicos no tiene que limitarse necesariamente a los vegetales. En los comercios, también existe leche procedente de granjas de vacas alimentadas de forma biológica y podemos encontrar carne de animales criados en semilibertad de forma muy parecida al estado natural. También es posible encontrar huevos de gallina frescos y biológicos. E incluso podemos encontrar pescado, en especial el azul, que no procede de criaderos.

Aunque, de hecho, la composición de estos abonos se limita a tres sustancias: nitrógeno (en forma de nitratos), fósforo y potasio. Las plantas (al igual que nosotros) necesitan un gran número de sustancias que extraen del suelo y, si éstas no son renovadas, la tierra se empobrece en pocos años.

El resultado de estos abonos «monótonos» es que el contenido de sustancias nutritivas de las plantas se vuelve más pobre. También se vuelven más delicadas y, por lo tanto, más expuestas al ataque de los parásitos. Lo que conduce a la cada vez mayor utilización de pesticidas.

La alternativa es recurrir, cada vez más, a vegetales de «origen biológico». En realidad, existen diversos sistemas de cultivo que apuntan en esta dirección: biológico, biodinámico, orgánico y, como solución de transición o de compromiso, la lucha por lo integral. Desde que las normas de la CEE han uniformado la nomenclatura de las etiquetas y han creado órganos de control, cada vez es más fácil encontrar alimentos «bio», que a veces, aunque no siempre, son menos atractivos a la vista, pero siempre son más ricos en sustancias nutritivas, sobre todo de los llamados micronutrientes, como vitaminas, sales minerales y oligoelementos. Además, son más «pobres» (aunque, sin duda, es una ventaja) de sustancias tóxicas como residuos de herbicidas y pesticidas.

Cuidado

- Biológico no significa simplemente «no utilizar nada» para cultivar. Se trata de un estudio complejo de interacción entre el medio y la vegetación, que recurre a un abono muy atento, pero equilibrado: desde heces de caballo a compuestos, de minerales a harina de huesos y plantas muertas, para garantizar la salud y la fertilidad del suelo y de los productos que al final consumiremos.
- La defensa de los insectos potencialmente nocivos se realiza con sustancias no tóxicas ni para el hombre ni para esos animales que son enemigos naturales de los insectos. El equilibrio del ecosistema no se altera y no se empieza el círculo vicioso de tener que rociar las cosechas con pesticidas cada vez más potentes y tóxicos.
- Limitar la difusión de vegetación indeseada (las hierbas) es una tarea que no queda en manos de herbicidas que pueden envenenar el suelo, el agua y el producto agrícola y, con ello, el último escalón, el hombre. Se utilizan otras técnicas como, por ejemplo, cubrir el suelo con materiales de diverso tipo que impiden el crecimiento de dichos vegetales.

NO TE OLVIDES

Utiliza la parte superior del frigorífico para guardar los alimentos de origen animal y la más baja para los del mundo vegetal. Además, hay que realizar una rigurosa separación entre los alimentos crudos y los que estén cocinados (para evitar posibles contaminaciones o infecciones tóxicas).

Siempre es mejor fresco. A partir del momento en el que separa una manzana, una fresa o una lechuga de la planta o la raíz, empieza un lento pero inexorable proceso de degradación. Si dejas la verdura o la fruta en el suelo, en el lugar donde la recogiste, verás cómo enseguida se pone mustia y al cabo de no demasiado tiempo, cómo se convierte en tierra, completando de esta forma su ciclo natural.

Este fenómeno puede ralentizarse con una conservación adecuada, sobre todo si se almacenan en un lugar fresco, oscuro y protegido del aire, o mejor, del oxígeno.

Hasta en un congelador, a bajísimas temperaturas y con un envoltorio sellado, puede retrasarse el proceso de degradación, pero no detenerlo.

Productos de temporada. En la actualidad, hay pocas personas que conozcan la estación en las que maduran de forma natural los tomates, el hinojo, las lechugas, las manzanas, las fresas o las naranjas. Ahora encontramos todo tipo de fruta y verdura durante todo el año.

En realidad, el precio de esta variedad tan grande fuera de temporada es alto en todos los sentidos. O se trata de vegetales cuyo crecimiento ha sido forzado en invernaderos, con un empleo masivo de fertilizantes de síntesis, herbicidas y pesticidas. O bien proceden de zonas alejadas de nuestra residencia y, para poder resistir el traslado, se separan de la planta cuando aún están verdes.

Por lo tanto, no sólo tienen menos gusto, sino que también tienen menos riqueza de sustancias nutritivas y, a veces, incluso son indigestas. Por ejemplo, en la fruta ciertos ácidos orgánicos sólo se convierten en azúcares en los últimos días de maduración de la planta, además los enzimas que nos ayudarán a digerir y a asimilar mejor esta fruta sólo se desarrollan por completo al madurar la fruta.

Cuidado

- No compres cantidades superiores a tus necesidades reales, para no hacerlas envejecer inútilmente.
- Escoge con atención los alimentos más frescos, sin magulladuras, con el peciolo (en caso de cerezas, sandías, calabacines, tomates, etc.) aún blando y verde. Rechaza los vegetales que lo tengan arrancado.
- Sobre todo renuncia a la tentación de comprar ensaladas o mezclas para sopas ya preparadas y cortadas: incluso si están conservadas en un envoltorio y en una atmósfera modificada (es decir, más nitrógeno y menos oxígeno, como suele ocurrir en la industria alimenticia) la oxidación se produce de forma irremediable y acelera la degradación de los alimentos y disminuye su valor nutritivo.
- En casa, conserva los alimentos el menor tiempo posible y siempre al abrigo de la luz, el aire y el calor.
- Puedes lavar las ensaladas al llegar a casa, en abundante agua renovada varias veces, pero sin dejarlas sumergidas durante mucho tiempo. Después de haberlas escurrido bien (si fuera necesario, con una centrifugadora), consérvalas en la nevera dentro de un saquito de tela colocado en el interior de una bolsa de plástico. Eso sí, hay que cortarlas en el último momento, justo antes de condimentarlas y sacarlas a la mesa.

NO TE OLVIDES

Con una larga y atenta maduración, la sensación natural de saciedad y satisfacción se alcanza más de prisa e indica antes que ya hemos comido suficiente. La comida cocida en cambio «desciende sola» y puede llevarnos a comer mucho más de nuestra necesidad real.

No matemos los alimentos durante la preparación. La gran mayoría de los alimentos pueden consumirse crudos. Tenemos la costumbre de escaldar y cocer casi todo, pero merece realmente la pena probar algunas recetas «crudas» para darse cuenta de lo rico y variado que es el sabor de muchos alimentos al natural, por no hablar de su mayor contenido nutritivo. La cocción destruye todos los enzimas, buena parte de las vitaminas y muchas sales minerales.

«Comer crudo» tiene numerosas ventajas:

- Nos obliga a comer más y a insalivar más. De esta forma, no podemos caer en la tentación de tragar los alimentos con velocidad, casi sin darnos cuenta.

- Los alimentos crudos, sobre todo los vegetales frescos, son más ricos en micronutrientes y por lo tanto no conducen al «círculo vicioso» descrito en la primera parte de este capítulo.

- Al contener más agua y fibras, los vegetales crudos favorecen la correcta eliminación de los deshechos a través del aparato urinario e intestinal, con lo que se beneficia la salud y el peso.

- A menudo comemos porque sentimos una vaga sensación de insatisfacción. Experimentarás con placer que la mayoría de alimentos crudos, oportunamente presentados, trasmite un alto nivel de satisfacción que perdura durante varias horas, por lo que difícilmente volverás a sentir la urgente necesidad de picar algo.

Entre las distintas explicaciones que se dan a este fenómeno, la más fascinante es la que afirma que masticar, sorber y retener los alimentos en la boca, como hacemos con los vegetales crudos, corresponde a nuestro primer y primitivo instinto de succión-nutrición y por ello despierta en nosotros esta sensación de gran satisfacción.

También es posible que sean los aromas de los alimentos no alterados por la cocción, los que estimulen la zona límbica de nuestro cerebro (o bien que estemos frente a una mezcla de distintos factores).

- El alimento crudo es capaz de despertar un instinto natural que nos indica la necesidad real de comida.

Cuidado

- Cuando decidas cocinar un alimento, escoge bien el método y los utensilios.
- Para ollas y cazuelas elige el barro, pyrex y acero inoxidable y, de forma ocasional, un material antiadherente (que nunca calentará en exceso) y renuncia al cobre y aluminio, así como a los cazos de estaño, a pesar de que sean tan cómodos para calentar.
- Evita cocer las hortalizas en abundante agua, excepto si luego aprovechas el agua de cocción, rica en sales minerales, como caldo vegetal y base para sopas.
- Opta por la cocción al vapor en una olla bien cerrada. O bien guisa los alimentos en recipientes bien cerrados.
- Para reducir el tiempo de cocción de las leguminosas secas o los cereales integrales, pónlos en remojo durante unas horas antes de cocinarlos (puedes dejarlos en remojo toda la noche).
- Evita, en la medida de lo posible, recalentar un alimento que haya sido preparado con anterioridad.
- Si no puedes dejar de hacerlo, recaliéntalo con rapidez y sin dejar de remover. No superes nunca los 40 °C.

Lo integral es mejor. ¿Por qué el pan o la pasta integrales aún son tan poco comunes? Es posible que la razón sea de origen psicológico. Para las personas que tienen más de 50 años, el color ligeramente más oscuro del pan les trae tristes recuerdos de la guerra, cuando por motivos de economía, se utilizaba la harina integral no refinada.

Platos **cinco estrellas**

Existen alimentos especialmente preciosos que deberían aparecer con frecuencia en los menús. A continuación citamos algunos de ellos:

- albaricoques ● manzanas ● almendras ● alcachofas ● espárragos
- judías ● soja ● lentejas ● remolacha ● col (todas las variedades)
- arándanos ● apio ● ensalada ● ajos ● kiwi ● uva ● cítricos
- sandías y melones ● aceite de oliva ● mijo ● centeno ● avena
- pescado ● calabaza ● nueces ● avellanas ● yogur ● todas las hierbas aromáticas.

Los estudios y observaciones que se realizaron durante la Segunda Guerra Mundial demuestran que el mayor consumo de pan y productos integrales, sin refinar, redujo de forma considerable la incidencia de las llamadas «enfermedades de la civilización», empezando por el cáncer y terminando con la diabetes, la caries y la arteriesclerosis, entre otras.

Esto se atribuye a la mayor aportación de fibras, fundamental para el correcto funcionamiento del intestino y para evitar la estancación de las toxinas. Gran parte de la acción beneficiosa se debe al no refinar los cereales. De esta manera no se pierden muchos elementos nutritivos que contienen (por ejemplo, el germen y el aleurón, muy ricos en factores eubióticos —promotores de la vida— o micronutrientes).

No hay que restar importancia al hecho que, en el periodo examinado, la alimentación en general era menos grasa y más sencilla, por lo que predisponía menos a determinadas enfermedades y problemas de salud.

No obstante, la contribución de los cereales integrales parece ser preponderante.

Si a pesar de ello, aún no se encuentran buenos productos integrales en todas las tiendas, no se puede atribuir a motivos de gusto. Lo integral, siempre que esté cocinado y combinado de forma correcta, con un condimento idóneo, tiene un sabor más lleno y una consistencia más gratificante y sacia más que los alimentos refinados.

El motivo de su relativamente escasa difusión es de origen comercial. Mientras que la harina blanca es un producto inerte, «muerto», que se puede conservar durante largos periodos, la integral, a causa de los diversos factores nutritivos que contiene además del simple almidón, tiende a volverse rancia y a alterarse al cabo de pocos días.

Por lo tanto, las industrias que preparan pasta o pan integral deberían disponer de su propio molino para tener siempre a disposición harina fresca. La distribución de las harinas integrales en las tiendas debería realizarse en ciclos muy breves, como ocurre con los productos lácteos, carnes u otras sustancias perecederas.

Todo ello no es ni mucho menos imposible, difícil de realizar, pero significa introducir un cambio en las costumbres de distribución, que sólo tendrá lugar si tras una mayor información de los consumidores, éstos aumentan la demanda de harina integral fresca.

Además, surge un problema técnico en la fabricación de pasta y pan integrales.

Los centros de molido y refinamiento de los cereales están hechos de forma que pueden realizar toda la secuencia de trabajos de forma automática y no permiten moler la harina sin efectuar el refinamiento posterior.

Sólo se podría reconvertir parte de estas industrias si los consumidores fueran más conscientes y protestaran por los productos «integrales-refinados» que se hallan a la venta.

Si prestas atención a los productos denominados «integrales» de las panaderías y tiendas de alimentación, podrás apreciar que hay manchas oscuras sobre una masa más clara porque añaden salvado a la harina refinada.

Otra característica, más bien negativa del pan blanco es que se pone duro en menos de un día, mientras que un buen pan integral se mantiene fresco durante una semana como mínimo. Además, el sabor del pan integral «falso» es más bien esponjoso y no es completo, como sucede con el obtenido con buena harina y con un lento proceso de fermentación natural.

> **NO TE OLVIDES**
>
> Los cereales integrales deberían consumirse antes de que se cumpla un año desde su recolección. Ténlo en cuenta al comprarlos.

Cuidado

- Si buscas un buen pan integral, lee atentamente la etiqueta y elige aquél que lleve escrito lo siguiente:
- «molido a la piedra» (moler el trigo con lentitud, a la piedra, no destruye parte de los micronutrientes como sucede con el molido rápido realizado con láminas metálicas y el sabor es mejor);
- «fermentación natural» (estos tipos de pan son más sabrosos, digestibles y suelen conservarse durante más tiempo);
- «harina integral» (y no «de tipo integral»);
- «cereales o harinas procedentes de cultivos biológicos según las normas de la CEE» (este punto es muy importante para todos los cereales integrales puesto que en el pericarpio —la parte más exterior del grano— es donde tiende a fijarse la mayoría de los residuos tóxicos de la agricultura no biológica);
- se pueden aplicar estas mismas reglas para la pasta integral, excepto la de la fermentación, por supuesto.

No olvidemos ciertos cereales. Todo lo que hemos dicho para las hortalizas y leguminosas, también es válido para los cereales. Cada cereal tiene propiedades específicas, únicas e irrepetibles que lo hacen muy valioso en la cocina y para la salud.

En España, el trigo está presente en todas las casas, cada día del año, bajo numerosas formas, incluso en las menos evidentes como las salsas, rebozados y similares. El maíz y el arroz ocupan también un espacio importante.

Otros cereales, como el centeno, la avena, la cebada y el mijo apenas son utilizados, ni en las casas particulares ni en la industria alimenticia, e incluso son desconocidos para los niños en edad escolar.

Esto es una verdadera lástima porque se pierden muchas ocasiones de enriquecer la variedad de los menús cotidianos y de crear nuevas e interesantes combinaciones. Además, no se practica la rotación de los alimentos.

NO TE OLVIDES

El mijo es uno de los cereales más olvidados, a pesar de que es uno de los más completos, pues ayuda a mantener sanos la piel, el cabello, las uñas y los dientes. Tiene un sabor delicado y se cuece en apenas 20 minutos. Para prepararlo, usa tres dosis de agua por cada dosis de mijo.

En la práctica

- Es probable que muy pronto te acostumbres al sabor lleno de los cereales integrales y que quieras saborearlos de la mejor forma.
- En este caso, puede ser interesante comprar una máquina para hacer los copos de cereales, que en pocos minutos prepara los copos frescos, sabrosos y crujientes. Además, es un aparato manual, muy manejable y barato.
- Para tener harina integral siempre fresca, conviene disponer de un molinillo de cereales doméstico con mola de piedra y motor eléctrico: es una compra más cara, pero que se amortiza en poco tiempo, en especial si tienes familia numerosa (o si decides hacer pan, pasta o tortas y quizá, de vez en cuando, harina para amigos y parientes).

¿Un «batido» en lugar de comida? Parece que sustituir la comida con una botella de batido de usar y tirar sea un símbolo de nuestros tiempos.

Se acabó el perder tiempo para sentarse a la mesa y comer. Se acabó perder el tiempo en la cocina.

Se acabó el placer por la comida, se acabó el descanso que parte el día en dos, nos hace descansar del trabajo y volver a empezar más frescos y animados. Y por supuesto, se acabó la convivencia que genera una mesa, el placer de saborear los alimentos... En fin, todo se acabó.

Tan sólo queda la conciencia de haber gastado una suma considerable en una comida «adelgazante» o «sustitutiva» que, al menos en la publicidad, parece tener propiedades increíbles.

Y, según el tipo de alimento líquido, se puede tener una cierta sensación de saciedad, debido a la presencia de fibras hidrosolubles que se hinchan en el estómago y trasmiten una sensación de plenitud (en lo referente a las fibras, consulta también el capítulo *El programa desintoxicante*, en la sección «En la práctica»).

¿Por qué los alimentos líquidos comerciales forman parte de las «dietas» en el sentido negativo y, la mayoría de las veces, sus efectos son únicamente efímeros?

La razón principal reside en que no educan la dieta en absoluto, en el sentido estricto de la palabra, es decir, una alimentación más equilibrada y sana, la única que puede garantizar la obtención del peso ideal y conservarlo durante tiempo.

Cuidado con forzar. Al cabo de unos días de esfuerzo, en los que se tiene la agradable sensación de hacer algo por adelgazar, se vuelve a caer en las costumbres alimenticias de siempre.

Incluso hay quien hasta se concede un super-manjar extra para compensar la frustración autoimpuesta y justificándose por haber acumulado algún crédito en el cómputo de las calorías.

Entre los factores que erróneamente se olvidan al ingerir estos alimentos líquidos está el estreñimiento, que estos productos tienden a provocar, en especial en las personas predispuestas a este problema.

No es evidente que al volver a la alimentación normal, el intestino vuelva a funcionar como antes. Por esta razón, merece la pena observar bien los posibles fenómenos al consumir este tipo de batidos.

Además, al ingerir comidas líquidas se olvida por completo todo lo que habíamos recomendado sobre la masticación. Esto presenta varios inconvenientes: durante la masticación el alimento es insalivado y, por lo tanto, predigerido, con todas las ventajas para el siguiente proceso.

Además, masticar forma parte de las funciones fisiológicas gratificantes y transmite una señal psicológica del tipo: «He comido, ahora estoy bien».

Una planta que regula el hambre

Los fármacos adelgazantes han caído en desgracia debido a los enormes riesgos que entrañan y a sus efectos demasiado efímeros. No sucede lo mismo con los resultados de los estudios que se efectúan sobre sustancias vegetales de todo el mundo. En especial, las procedentes de bosques tropicales son una mina casi inagotable de descubrimientos en dicho sentido. Un ejemplo de ello es la garcinia camboyana en forma de hidroxicitrato. No posee características anoréxicas, sino que regula el mecanismo del hambre. Además, influye de forma positiva en el metabolismo de las grasas y el colesterol, sobre el de los azúcares (también es útil para los diabéticos) y resulta muy eficaz como complemento en las dietas adelgazantes. Estos estudios farmacológicos se iniciaron hace 20 años, en particular, en Estados Unidos. La garciania camboyana se encuentra disponible en las farmacias, en forma de polvos y cápsulas.

Si deseas conceder un periodo de descanso a tu aparato digestivo, lee las sugerencias sobre las monodietas líquidas, con efecto desintoxicante (consulta el capítulo *El programa desintoxicante* en la sección «En la práctica»).

NO TE OLVIDES

La ingestión de preparados industriales líquidos, que suele ser muy rápida, puede provocar una convulsión en el metabolismo puesto que provoca, en primer lugar, un pico glucémico (un aumento del índice de azúcar en la sangre) con una fuerte secreción de insulina. Sin embargo, al cabo de poco tiempo, se produce el efecto contrario, es decir, un descenso del nivel glucémico, que suele estar acompañado de un descenso del rendimiento general de la persona y una sensación de flojera.

¿Ayunar para adelgazar?

¿Cuántas veces hemos oído? «No como nada, pero engordo», o bien: «Yo engordo hasta con el aire.» Y lo afirman con total convicción, incluso se aprecia la mueca incrédula de quien lo está escuchando. Pero ese «nada» de quien se queja no corresponde nunca al nada absoluto. Si ayunaran de verdad, a base de tomar sólo agua, quizás adelgazarían un poco, o quizá mucho, pero seguro que no engordarían.

Todo el mundo se preguntará ahora si es útil y aconsejable ayunar para adelgazar.

Una vez más, la respuesta no es unívoca ni fácil. Sin lugar a dudas, si durante un determinado periodo de tiempo no se introduce ningún tipo de alimento, sino solamente agua, el cuerpo se verá obligado a consumir parte de sus reservas para poder sobrevivir y ello entraña una disminución del peso corporal que puede ser más o menos marcada, dependiendo de determinadas variantes como la actividad física, el metabolismo y las terapias desintoxicantes paralelas.

Lo que está garantizado en los periodos de ayuno correctamente realizados es la depuración y la desintoxicación de los tejidos con la consiguiente acción positiva para todas las personas.

NO TE OLVIDES

Quien quiera practicar una «dieta casera» basada en el ayuno puede alternar tres días de semiayuno o dieta estricta (por ejemplo una dieta desintoxicante, líquida) con un día de alimentación normal. De esta forma, se obtendrá una disminución de peso más lenta, pero más estable y se evitará ralentizar en exceso el metabolismo.

Se modifica el metabolismo. Con el ayuno asistimos siempre a una modificación del funcionamiento de nuestro organismo, tanto durante como después del mismo.

Durante el ayuno reducimos de forma notable el ritmo de nuestro metabolismo. En la práctica, el cerebro percibe esta situación anormal y transmite la señal a todo el organismo para que ponga en marcha un «ritmo económico», con el fin de poder ahorrar el «carburante» durante el máximo tiempo posible y garantizar de esta forma la supervivencia, incluso en caso de ayunos más largos.

Las carestías y los largos ayunos o semiayunos forman parte de nuestra memoria genética y la respuesta del cuerpo a estas evidencias ya está programada.

Según numerosas investigaciones realizadas en distintos lugares del mundo, es bastante positivo acostumbrar nuestro organismo a saber responder a distintas situaciones alimenticias y no ofrecerle siempre condiciones de abundancia. Se ha demostrado que aquellas poblaciones (humanas y animales) que, por determinados motivos, se han visto sometidas a periodos alternos, con repetidos ciclos de alimentación reducida, parecen tener una mayor resistencia a las enfermedades y una mayor longevidad, gozando de un excelente estado de salud.

Se altera la relación con la comida. Existe otro riesgo potencial con los ayunos completos o con las «dietas» prolongadas

> ## Cuidado
>
> El ayuno tiene un inconveniente para las personas con dificultades para adelgazar. Durante este periodo, el metabolismo del cuerpo baja de ritmo de forma automática y, a menudo, este fenómeno sigue produciéndose después del ayuno. En otras palabras, el organismo ha aprendido a aprovechar más las reservas alimenticias y a construir con más facilidad residuos para hipotéticos ayunos posteriores.
>
> Por supuesto, este factor hará más difícil mantener la reducción de peso alcanzada y se asistirá al temido efecto «yoyó», es decir a repetidos y sufridos ayunos, con reducciones de peso que cada vez serán más exiguas, seguidas de periodos en los que el aumento de peso será desalentador.
>
> Para obviar este inconveniente, hay que realizar ayunos con ciertas precauciones. Lo ideal es que un médico experto, o un grupo terapéutico, te someta a controles durante el ayuno, por ejemplo en días festivos o durante las vacaciones, para que comprueben de forma regular la reacción del metabolismo y adecúen los periodos de alimentación más o menos escasa a dichas variaciones.

que consiste en que pueden alterar nuestra relación con la comida. Es cierto que en la persona obesa o con un importante exceso de peso ya encontramos una relación alterada con la comida. Pero no es raro observar que personas, sobre todo mujeres, que han emprendido el camino de repetidos ayunos o dietas férreas, terminen después en el extremo opuesto y se vuelvan anoréxicas. Queremos decir que en estos casos «las dietas» o el ayuno adquieren forma de droga y los «dependientes» difícilmente consiguen liberarse de comportamientos compulsivos que les conducen de un extremo a otro, de grandes atracones a prolongadas abstenciones de comida o a modelos alimentarios sin criterio alguno.

No es nada fácil ser objetivo con uno mismo. De todas formas, si crees que no tienes una relación realmente equilibrada con la comida (que se manifiesta también en el plano afectivo), es más prudente abstenerse de realizar ayunos completos, en especial si son prolongados, y alejarse de dietas muy rigurosas. Es preferible concentrarse desde el principio en practicar una correcta alimentación. Al principio, los resultados pueden ser menos vistosos, pero serán más seguros y duraderos.

¿Por qué desintoxicarse?

Todos nos concedemos unos días libres o un fin de semana de descanso de vez en cuando.

Pero este descanso tan sólo beneficia a los músculos o la mente. Todas las funciones vitales, como por ejemplo el latido cardíaco o la respiración, continúan trabajando incansablemente, incluso mientras estamos durmiendo, aunque sea a un ritmo mucho más lento.

El aparato digestivo es una parte del cuerpo a la que no concedemos casi nunca ese merecido descanso y a la que a menudo imponemos extraordinarios esfuerzos. Es lógico que acabe dándonos alguna señal de aviso.

Así que, para evitar futuras complicaciones ¿no crees que funcionaría mucho mejor después de regalarle unas cortas y merecidísimas «vacaciones»?

Lo mínimo que podríamos hacer por él es darle la posibilidad de vez en cuando de limpiarse bien y, por decirlo de alguna manera, empezar de cero.

> **NO TE OLVIDES**
>
> En el capítulo *El programa desintoxicante* (consulta la sección «En la práctica») encontrarás numerosas opciones de «días desintoxicantes»: exclusivamente a base de fruta, verdura, líquidos, arroz, pan... Y tranquilos porque la mayoría de programas desintoxicantes duran tan sólo 24 horas, por lo que no entrañan ningún riesgo de carencias.

En la práctica

- Los alimentos más «vitales» también tienen propiedades desintoxicantes, puesto que regeneran el organismo y le hacen capaz de desprenderse de las desechos acumulados.
- La fruta y la verdura cruda poseen esta función, lo mismo sucede con «sus concentrados», los zumos.
- Los brotes germinados también son una fuente riquísima de sustancias vitales y desintoxicantes y deberían consumirse con frecuencia.
- Las infusiones de hierbas son útiles para la desintoxicación. Sobre todo en primavera, donde abundan las plantas depurativas en estado espontáneo. Es en esta estación cuando más necesitamos liberarnos de las toxinas acumuladas durante el invierno.
- Las infusiones de ortiga, diente de león, tomillo, milenrama y de raíces de gramínea poseen excelentes efectos depurativos.

Todas las antiguas religiones y culturas preveían periodos de «purificación» durante los cuales seguían reglas precisas que afectaban incluso a la alimentación, que tenía que ser limitada, sencilla y de fácil digestión.

La coincidencia de estas reglas con determinadas fechas no era casual: en determinadas estaciones del año, y según los ritmos lunares, nuestro organismo está más predispuesto a dedicarse a las «grandes limpiezas interiores».

Las dietas «depurativas». Con la llegada de la primavera y el otoño es especialmente útil seguir unos días de dieta depurativa.

Además, en cada mes existen días más oportunos que otros.

Si la dieta desintoxicante (o «monodieta») se sigue durante la fase de luna decreciente tendrá efectos decididamente más adelgazantes que con la luna creciente.

Si, por el contrario, deseas tomar infusiones desintoxicantes, los mejores días son los que preceden a la luna llena o los inmediatamente posteriores a la luna nueva. En cambio, puedes practicar un día de ayuno depurativo coincidiendo con la luna llena o nueva.

Está en tus manos comprobar la veracidad de esta antigua sabiduría. A pesar de que el hombre moderno se haya alejado mucho de los ritmos naturales, éstos continúan ejerciendo sus efectos en nuestro organismo (para lo referente a la dieta desintoxicante, lee el capítulo *El programa desintoxicante*, en la sección «En la práctica»).

Variar también ayuda a mantener la línea

La monotonía mata el entusiasmo tanto en el trabajo, como en el ocio o la alimentación.

Pero ésta no es la única razón para concederse una buena variedad de alimentos (aunque no todos juntos).

Los ritmos de la naturaleza. Hasta hace pocos decenios y durante millones de años, el hombre seguía necesariamente los ritmos naturales y estacionales, incluso en la alimentación. A medida que determinados vegetales estaban maduros, se recogían, vendían, preparaban y consumían. Los sistemas de conservación eran escasos y sólo se aplicaban con determinados productos.

Así, las manzanas se consumían como máximo durante cuatro o cinco meses del año. En verano había lechugas, tomates y pepinos. En invierno, zanahorias y coles.

Cuando se terminaba el trigo, se esperaba con ansiedad la siguiente cosecha, y en la espera, se recurría al maíz que maduraba antes, o bien a la cebada.

Las patatas, a pesar de que se conservaban en bodegas y despensas oscuras y frescas, llegaba un momento en que germinaban o se pasaban, por lo que se hacía lo posible por consumirlas antes. Había leche en abundancia después de que un ternero fuera destetado. No había carne cada día y una cierta variedad en la de caza y animales de corral, como conejos, patos, palomos, pollos, pavos y animales de talla grande, como bovinos y caballos. La amplia oferta alimenticia actual puede parecer una ventaja, pero como ya hemos visto antes, a menudo es en detrimento de la calidad nutritiva y el sabor.

Otro error muy grave consiste en que terminamos por comer determinados alimentos básicos cada día del año. Esto, además de significar un retroceso respecto a la alimentación de hace unos años, repercute en el número cada vez mayor de casos de intolerancia alimentaria.

¿El gato que se muerde la cola?

El equilibrio de la flora intestinal es determinante para nuestro bienestar, y puede tener una notable influencia sobre una hipotética dificultad para alcanzar o mantener el peso ideal. Además de los 400 tipos de bacterias que forman la flora intestinal útil e indispensable, existe un gran número de microorganismos, nocivos para nuestro organismo si consiguieran ganar la partida a la flora útil.

Una alimentación desordenada puede tener dos efectos negativos: provocar una malnutrición indirecta, desencadenar dificultades de absorción y de utilización de algunas sustancias vitales y, al mismo tiempo, un círculo vicioso que favorecería el desequilibrio de la flora intestinal. Una correcta combinación de los alimentos, comida tras comida, es una de las acciones que ayudan a prevenir este mecanismo.

Diferencia entre alergia e intolerancia. Cuando oímos la palabra «alergia» aflora a nuestra mente la imagen de una piel enrojecida y pruritos como urticaria (típica del contacto con la ortiga fresca cruda), pero también se pueden producir tras la ingestión de fresas, pescado u otros alimentos. Se puede pensar también en un ataque de asma o un resfriado fuerte causados, por ejemplo, por los ácaros del polvo de casa o el polen. Las alergias incluso pueden provocar molestos episodios de diarrea. Pero, ¿quién es capaz de relacionar la dificultad de alcanzar o mantener el peso ideal con el rechazo del organismo a un determinado alimento?

Existe un fenómeno denominado «intolerancia alimentaria», poco conocido hasta ahora. Desde hace unos 30 años, se han realizado investigaciones sobre este tema en distintos países del mundo con resultados sorprendentes.

Sin embargo, a causa de la dificultad del diagnóstico, mayor en las alergias conocidas desde hace tiempo, a menudo las intolerancias alimentarias persisten durante muchos años sin ser reconocidas ni tratadas.

¿Es posible que nuestro organismo rechace un alimento que, en principio, es sano, que además hemos comido durante muchos años, y que otras personas puedan continuar utilizándolo sin problemas? El «culpable» es nuestro sistema inmunológico, un conjunto muy complejo, predispuesto a la vigilancia de nuesta salud. La ingestión de agentes potencialmente patógenos debe ser reconocida, señalada y combatida por estos «vigilantes».

En determinadas condiciones, el sistema inmunológico está particularmente alerta y combativo. Por ejemplo, cuando sufrimos una gastroenteritis o un ataque de fiebre, o bien después de una intervención quirúrgica o un fuerte trauma. En estas condiciones es fácil que los «soldados» tomen por enemigo a un amigo e intenten atacarlo con el objetivo de eliminarlo. El problema es que este episodio queda registrado en la memoria y a partir de ese momento nuestro organismo no aceptará más esa sustancia y siempre intentará suprimirla por considerarla nociva.

NO TE OLVIDES

La reacción alérgica es la respuesta del organismo a sustancias extrañas (por regla general, proteínas). Es una reacción que se produce poco tiempo después (horas o incluso minutos) de la entrada de un agente extraño o «antígeno».

> Los antígenos penetran en nuestro organismo y estimulan los linfocitos B a producir anticuerpos.
> Los anticuerpos se adhieren a las paredes de los vasos sanguíneos, neutralizando los antígenos y estimulando la producción de sustancias químicas responsables de los «síntomas» de la reacción alérgica.

Ésta es una de las razones por las que se aconseja abstenerse de ingerir comida, o bien hacerlo en cantidades muy reducidas o ligeras, cuando nos encontremos en una de las referidas condiciones de especial susceptibilidad. Esto es especialmente válido para los niños que se ven más sujetos a diarreas y fiebres y tienen un sistema inmunológico que aún no se ha formado por completo, con un menor número de «memorias» grabadas.

En esos días hay que prestar especial atención al consumo de proteínas animales como carne, lácteos o huevos (porque las bacterias y los virus, los enemigos que hay que combatir, son organismos que están formados principalmente por proteínas).

> **NO TE OLVIDES**
>
> Más del 60 % de la población estadounidense sufre una acentuada intolerancia a una o más sustancias alimenticias. Las formas más suaves de intolerancia parecen estar aún más extendidas. En España, según las estimaciones, los porcentajes todavía son un poco más bajos, pero es probable que dentro de unos años nos acerquemos a los porcentajes norteamericanos, como está sucediendo en otros muchos aspectos.

Si el «reconocimiento erróneo» se manifestara con síntomas como prurito, enrojecimiento y otros síntomas similares, poco tiempo después de la ingestión de una determinada comida, es fácil conocer la causa y, en el futuro, evitar el peligro.

En la práctica

Indicios y síntomas que pueden indicar reacciones de sensibilidad
La siguiente lista indica la gama de alteraciones imputables a sensibilidad a determinados alimentos o sustancias químicas.

Sistema nervioso central
- Depresión
- Somnolencia
- Cansancio
- Problemas de aprendizaje
- Mínima disfunción cerebral
- Ansiedad
- Insomnio
- Hiperactividad
- Escasa memoria
- Escasa concentración
- Sentido de irrealidad
- Cambios en la personalidad
- Aislamiento
- Ataques de ira
- Alucinaciones
- Desilusiones
- Sensación de inestabilidad
- Vértigo
- Sofocos
- Confusión
- Dolores de cabeza
- Problemas convulsivos
- Dislexia (problema de lectura)

Ojos
- Fotofobia
- Vista turbia
- Diplopía
- Prurito
- Ardor
- Dolor
- Sensación de pesadez

Oídos y orejas
- Prurito
- Sensación de oídos tapados
- Dolor persistente de oído
- Pérdida del oído
- Zumbidos
- Aumento de la sensibilidad al sonido

Fosas nasales, nariz y olfato
- Nariz taponada
- Prurito
- Estornudos
- Olfato reducido
- Olfato aumentado
- Obstrucción
- Sinusitis

Boca y garganta
- Úlceras en la boca
- Encías hinchadas
- Dificultad de deglución
- Aumento o disminución de la salivación
- Mal sabor de boca
- Faringitis o laringitis
- Ronquera
- Garganta hinchada

Pulmones
- Dificultad para respirar
- Asma (silbido)
- Tos

En cambio, las intolerancias son más sutiles y sus reacciones no se desencadenan, como sucede con las alergias, por la inmunoglobulina E (Ig E) con una fuerte secreción de histamina. Las pruebas como los análisis de sangre, RAST (Radio Alergo Sorbant

- Hiperventilación (respiración excesivamente rápida)

Aparato gastrointestinal
- Hinchazón
- Náuseas
- Poco apetito
- Aumento del apetito
- Dolores abdominales
- Calambres
- Diarrea
- Eructos
- Flatulencia
- Hiperacidez
- Prurito anal

Aparato locomotor
- Dolor cardíaco
- Angina de pecho
- Palpitaciones
- Taquicardia
- Extrasístole (contracciones prematuras auriculares o contracciones prematuras ventriculares)
- Sudoración generalizada
- Inflamación de las venas

- Inflamación dolorosa de las arterias

Músculos y articulaciones
- Calambres
- Espasmos
- Temblores
- Debilidad muscular
- Rigidez muscular
- Dolor persistente en las articulaciones
- Articulaciones rígidas
- Articulaciones hinchadas
- Miosis (inflamación de los músculos)
- Artritis

Aparato genitourinario
- Micciones frecuentes
- Enuresis
- Necesidad imperiosa de orinar
- Micción dolorosa
- Necesidad de orinar durante la noche
- Menstruaciones dolorosas
- Menstruaciones abundantes

- Menstruaciones irregulares
- Aumento o disminución de la libido

Piel
- Prurito local
- Prurito generalizado
- Urticaria
- Palidez
- Aumento o disminución de la sudoración
- Acné
- Eczema
- Diversos tipos de lesiones dermatológicas

Sangre
- Anemia (reducción de los glóbulos rojos)
- Leucopenia (reducción de los glóbulos blancos)
- Trombocitopenia (reducción de las plaquetas)
- Aumento o disminución de la coagulación

Test), Prick test y Patch test, que consisten en ponen en contacto con la piel una pequeña cantidad de sustancia sospechosa, funcionan bien para las alergias, pero no dan respuestas fiables para la intolerancia.

La intolerancia a determinados alimentos, o a sustancias particulares contenidas en los mismos, probablemente desencadena una reacción de las inmunoglobulinas de tipo G (Ig G) y activan también otros mecanismos del sistema inmunológico. Para complicar las cosas, los síntomas pueden manifestarse hasta varios días después y, además, son tan diversos que no permiten sospechar que sean de origen alimenticio y mucho menos una intolerancia en particular. Por citar algunos ejemplos, puede manifestarse en forma sensación de cansancio, de una fuerte sudoración, acné, hinchazón de las encías, estados depresivos o fuerte agitación.

La intolerancia es un obstáculo. En este capítulo lo que más nos interesa es que una intolerancia alimentaria no reconocida ni tratada puede ser la principal causa de notables dificultades para alcanzar o mantener el peso ideal. Incluso puede desencadenar diversos mecanismos que conducen a la bulimia (muy a menudo, el alimento «culpable» es el que más desea la persona afectada o el que le transmite más energía, como si se tratara de una droga), pero también a estar más delgado de lo normal, a tener retenciones de agua, hinchazones, flatulencia, calambres estomacales (que se intentan aplacar comiendo), etcétera. También hay una buena noticia. A diferencia de las alergias de tipo I (es decir, desencadenadas por reacciones de las inmunoglubolinas E que tienden a dar siempre una fuerte respuesta cuando se sensibiliza el organismo), las intolerancias alimentarias se producen sólo en presencia de una acumulación de condiciones específicas, como la frecuencia de la ingestión de sustancias mal toleradas o si se sumaran diversos factores desencadenantes.

Por lo tanto y afortunadamente, no es necesario abstenerse de ingerir estas sustancias durante toda la vida.

Basta con volver a efectuar una rotación de distintos alimentos y usar determinadas familias de alimentos (la persona que no tolera los tomates también suele tener problemas con otras solanáceas, como las patatas, pimientos y calabacines, o incluso podría desarrollar intolerancia a estos alimentos), sólo una o dos veces por semana, dejando un intervalo de tres días, para conceder un momento de pausa a las defensas inmunológicas

El sistema dietético para vencer las intolerancias alimenticias se denomina «dieta de rotación» y combina espléndidamente con el concepto de las combinaciones alimenticias correctas: de todo, pero no todo junto, con una correcta variación y alternación.

Un estilo sano de vida... Otro factor importantísimo para vencer o tener bajo control las intolerancias y sus insidiosas manifestaciones es tener un estilo de vida sano, es decir, una «dieta» en el sentido original de la palabra.

El estrés, la contaminación ambiental, la mala alimentación o la introducción de toxinas tienen un efecto inmunodepresivo, es decir, reducen la capacidad de nuestro organismo a defenderse de las artimañas de la vida cotidiana.

Alimentación «de rotación». La mejor forma de combatir una intolerancia alimentaria consiste en mantener las combinaciones alimenticias correctas y la rotación de los alimentos. Para ello, basta con que conozcas las distintas familias de alimentos.

Entre las de gran contenido proteico se encuentran los distintos tipos de carne y pescado, quesos, huevos, leguminosas y semillas oleaginosas.

Si, por ejemplo, una persona ha desarrollado una intolerancia a la carne bovina, suele tolerar bien el cordero, las aves y los animales de corral. De todas formas, la gama de fuentes proteicas es tan extensa que se puede variar cada día de la semana.

Es conveniente variar las fuentes proteicas. Si por ejemplo no se toleran bien las habas, conviene que durante un cierto periodo de tiempo se tenga la prudencia de no introducir a diario ninguno de los demás componentes de la familia de las leguminosas, como lentejas, guisantes, garbanzos, altramuces, maíz o soja (incluidos sus derivados).

> ### NO HAY QUE OLVIDAR
>
> En el capítulo *El programa de rotación*, en la sección «En la práctica», encontrarás cuatro ejemplos de alimentación «de rotación» (uno para cada estación y con los alimentos más fáciles de encontrar en el mercado).

En lo que se refiere a los cereales, que pertenecen a la familia de las gramináceas (el maíz es una poligonácea y, por ello, no es estrictamente un cereal), hay que decir que no sólo es la intolerancia al gluten (proteína presente sólo en el trigo y el centeno) la que puede causar posibles problemas. También existen otras sustancias específicas, aunque una misma persona no suele ser intolerante a todo tipo de cereales, sino sólo a uno que haya sido introducido con excesiva frecuencia o durante largos periodos, o en un determinado momento crítico de nuestro organismo.

Por consiguiente, una rotación entre trigo, centeno, arroz, mijo, maíz, avena y centeno permite comer un cereal distinto cada día de la semana y evitar reacciones de intolerancia.

En lo que se refiere a los peces y animales marinos, las posibles intolerancias suelen afectar a muy pocas variedades. Por ejemplo, la persona que no tolera los crustáceos, la mayoría de las veces, puede comer tranquilamente pescado, y viceversa.

El caso de los vegetales es un poco más complejo y por ello conviene tener presentes algunas grandes familias y sus componentes.

También conviene alternar la fruta: un día manzanas, peras y sus derivados (zumos, mermeladas, etc.); al día siguiente, cítricos; el tercer día: uva, pasas y grosellas; al cuarto día, melocotones, ciruelas, cerezas, albaricoques y almendras. El resto de días se recurrirá a frutos menos corrientes como piña, papaya o plátanos. A pesar de que procedan de países lejanos y, por ello, lo más probable es que no hayan madurado en la planta, las frutas tropicales también pueden servir como prueba de rotación.

Hay que tomar ciertas precauciones con los condimentos. En primer lugar, deberíamos eliminar por completo las pastillas de caldo y las salsas preparadas que tienen un fuerte contenido de monoglutamato de sodio, una sustancia de síntesis que el organismo no «reconoce» y a la que puede reaccionar con intolerancias.

En la práctica

Veamos cuáles son las principales familias botánicas y sus componentes:
- Solanáceas: patatas, tomates, pimientos, guindillas, berenjenas.
- Crucíferas: mostaza, rábanos, nabo y todas las variedades de col, como brécol, coliflor, berro, rábano picante, colza, coles de Bruselas, berzas, etcétera.
- Leguminosas: soja amarilla, verde y negra (mung), garbanzos, habas (todas las variedades), maíz, regaliz, algarroba, alfalfa, tamarindo. En lo que respecta a la soja, hay que tener presente que sus derivados están casi omnipresentes en los productos industriales: la lecitina de soja se utiliza en los productos de pastelería, chocolatinas, cremas, postres, etc.; el tofu y la leche de soja no sólo están presentes en los platos macrobióticos y lo mismo ocurre con el aceite de soja.
- Cítricos: naranjas, pomelos, limones, mandarinas, clementinas, cidros.
- Rosáceas: fresas, arándanos, moras, escaramujo (sus frutos, riquísimos en vitamina C, se utilizan para producir complementos alimenticios en forma de comprimidos y similares).
- Liláceas: cebolla, ajo, puerros, espárragos, chalotas.
- Asteráceas: lechuga, achicoria, endibias, escarola, diente de león, girasol (semillas o aceite), alcachofas, cotufa blanca, manzanilla, estragón, cártama (aceite).
- Umbelíferas: perejil, zanahorias, apio, anís, hinojo, comino, cilantro.
- Curcurbitáceas: calabaza, sandía, melón, calabacines, pipas de calabaza.

En Latinoamérica se dice...

acedera: agrilla, vinagrera.
aceite: óleo.
aceituna: oliva.
achicoria: chicoria.
aguacate: aguazate, palta, paltá, palto, avocado, chuchú, pagua.
aguaturma: topinambur.
ajedrea: jedrea, aborija.
albahaca: alfábega, alábega.
albaricoque: damasco, chabacano.
alcachofa: alcaucil, alcací.
alcaravea: alcarahueya, hinojo de prado.
alforfón: trigo sarraceno, trigo negro.
alholva: fenogreco.
alioli: all i olli, ajiaceite, ajada, ajolio.
alubia: fréjol, fríjol, frijol, poroto, poroto de manteca, poroto blanco, ejote, judía blanca, faba, fasol, trijol, frisol, frisuelo, habichuela.
anacardo (nuez de): castaña de cajú.
apio: arracacha, esmirnio, panul, perejil macedonio, celerí.

apio nabo: apio rábano.
arándano: mirtilo, nadiu, anajó, afí, abí.
arroz: casulla, macho, palay.
bacon: panceta ahumada.
bistec: biftec, bife.
boniato: papa dulce, batata, buniato, moniato, moñato, camote.
bonito: abacora, albácora.
boquerón: alacha, aladroque, alece, anchoa, anchoita, anchova, haleche, lacha.
borraja: becoquino.
brécol: bróculi, bróccoli, brócul, coliflor (variedad).
buey (carne de): todo tipo de carne vacuna.
cacahuete: maní.
calabacín: zapallito, calabacita, hoco, zapallo italiano.
calabaza: zapallo, bulé, ahuyama, calabacero.
canónigo: valeriana silvestre.
cebada: hordio.
cebolla: ascalonia, chalote.
cebolleta (cebolla tierna): cebolla cabezona, cebollino inglés, cebollita cambray.
cebollino: cebolla de verdeo.

cerdo: cochino, chuchi, chancho, tunco, cocho, puerco, cebón.
chalote: escalonia, cebolla escalonia.
chuleta: costeleta.
clavo: clavo de olor, clavo de especie, clavete.
clementina: mandarina (variedad).
col (verde): repollo, berza, bretón, tallo.
col de Bruselas: repollito de Bruselas.
col lombarda: col roja, repollo colorado.
coliflor: brécol (variedad).
colinabo: nabicol, naba, berza (variedad).
comino: kummel, alcaravea.
confitura: dulce.
coriandro: culantro, cilantro.
cotufa (blanca): pataca, patacón, parpalla, pataca de cerdo, batata de caña, topinambur, aguaturma (tubérculo de la).
cruasán: medialuna.
diente de león: amargón.
enebro: junípero.
entrante: entrada, entremés, primer plato.
escarola: lechuga crespa, achicoria.
escorzonera: salsifí.

estragón: dragoncillo.
fresa-fresón: frutilla.
garbanzo: mulato.
girasol: mirasol, achangual, acuagal.
guindilla: ají picante, chile, páprika.
guisante: arveja, alverja, chícharo.
hierbas para el caldo: verdurita.
hinojo: hierba de anís.
huesos (de fruta): carozos.
jamón: del país o serrano (crudo), de York, en dulce (cocido).
judía (blanca): alubia, pocha, poroto, ejote.
judía mungo: soja verde.
judía verde: chaucha, poroto verde, bajoca, vaina, vainita.
laurel: lauro.
limón: citrón, acitrón.
lubina: róbalo.
lombarda: véase col lombarda.
mahonesa: mayonesa.
maíz: abati, capi.
maíz (*panocha de*): choclo.
maíz blanco: choclo blanco.
manteca: manteca de cerdo.
mantequilla: manteca (de vaca).
mantequilla de cacahuete: manteca de maní, maniteca.
mazorca de maíz: chocho, elote, cenancle, cenacle.

mejorana: sampsuco.
melisa: cidronela.
melocotón: durazno.
menta: hierbabuena.
mostaza: mostazo, jenabe.
nabo: coyocho.
nata *líquida*: natillas, crema de leche, cacuja.
nata *montada*: crema batida o chantilly.
nectarina: melocotón (variedad).
palosanto: caqui.
pasta: todo tipo de fideos, tallarines, ravioles, canelones.
pastas: facturas, macitas.
pataca: véase cotufa (blanca).
patata: papa.
pato: ánade, parro.
pavo: guajalote, cuchimpe, clumpipe, mulito, pavita.
pepino-pepinillo: cohombro.
perifollo: cerafolio, perejil chino.
pimienta: pebre.
pimiento: pimiento dulce, ají morrón.
pintada: gallina de Guinea.
piña: ananás, ananá, abacaxí.
pistacho: pistache, alfóncigo.
plátano: banana, cambur.
pocha: judía blanca.
pomelo: toronja, pamplemusa.
puerro: poro, porrón, ajo puerro.
remolacha: betabel, betanaga, beterraga, beterreve.

requesón (queso): queso ricota.
romero: rosmarino.
ruda: armaga.
salmonete: barbo de mar, trilla, trigla.
salsifí: escorzonera blanca.
sandía: patilla.
serpol: tomillo (variedad).
sésamo: ajonjolí.
setas: hongos, callampas, champiñones.
soja: soya.
tomate: jitomate.
uvas pasas: pasas de uva.
zanahoria: azanoria.

Apéndice

EL PESO IDEAL CON LAS COMBINACIONES DE LOS ALIMENTOS

Menú para una semana

	Lunes	Martes	Miércoles
Desayuno	(N) Té con limón (P) Yogur natural	(N) Fruta fresca	(N) Zumo de pomelo
Media mañana	(N) Fruta fresca	(A) Dos o tres tostadas	(A) Galletas integrales
Almuerzo	(N) Ensalada mixta con zanahoria y cebolleta; verdura al vapor (P) Merluza a la plancha o al vapor	(N) Ensalada de tomates y pepino; zanahorias hervidas o estofadas (P) Unas lonchas de mozzarella	(N) Ensalada mixta; Sofrito de pimiento, tomate y cebolla (P) Dos huevos duros
Merienda	(N) Zumo de pomelo	(N) Infusión de carcadé	(N) Un sorbete
Cena	(N) Macedonia de temporada; verdura cocida (A) Pasta al pesto	(N) Ensalada de lechuga y rábanos (A) Menestra con pasta	(N) Ensalada mixta de manzana y apio (A) Arroz con espárragos
Antes de acostarse	(N) Infusión de melisa	(N) Infusión de manzanilla	(A) Infusión de hojas de abedul

RECUERDA: Un consejo para todos los días: en cuanto te despiertes, bebe como mínimo un vaso de agua. Elige tú mismo la temperatura que más te guste, fresca, a temperatura ambiente o templada. Durante el día, no olvides bebe mucha agua o infusiones, pero siempre lejos de las comidas.

P PROTEICO	**N** NEUTRO	**A** AMILÁCEO	
Jueves	**Viernes**	**Sábado**	**Domingo**
P Yogur natural **N** Fruta fresca	**P** Batido de albaricoque	**N** Malta **N** Tostadas	**N** Fruta de temporada **P** Leche fresca
N Tisana de menta	**A** Galletas integrales	**P** Un yogur	**N** Una infusión
N Ensalada de berro con aceite y limón **P** Habas frescas crudas y guisantes con aceite y menta	**N** Verdura cruda mixta; verduras cocidas **P** Boquerones	**N** Zumo de tomate o zumo de verduras **P** Habas en ensalada	**N** Ensalada de tomates y pimientos **P** Pollo cocido
N Té suave **A** Galletas integrales	**N** Un puñado de avellanas o almendras	**A** Un sorbete o un helado de fruta	**A** Un trozo de torta de fruta
N Gazpacho **A** Ensalada de patatas, con perejil, cebolleta, pepinillo y aceite	**A** Ensalada de macarrones con aceite y hierbas **N** Verduras crudas crujientes como pepino, tomates o pimientos	**N** Ensalada mixta **A** Sopa de cebada y verduras	**N** Macedonia **A** Espaguetis con aceite crudo, tomates, albahaca y ajo
N Infusión de manzanilla	**N** Infusión de hojas de abedul	**N** Infusión de manzanilla	**N** Mondadura de limón en infusión

olvides que puedes invertir el menú y consumir por la noche la comida sugerida para el mediodía y viceversa (lee en el pítulo *El programa de rotación* los pros y los contras). Y, por supuesto, puedes intercambiar los alimentos de los distin- s días y sustituirlos con alimentos del mismo grupo (marcados en esta tabla con el mismo color).

Menús bien combinados para las cuatro estaciones

PRIMAVERA

Desayuno	• Jugo de pomelo y yogur natural (quizá con una cucharadita de miel)
Media mañana	• Una tisana; • 3-5 biscotes integrales
Almuerzo	• Ensalada picante • filete de merluza al vapor o a la plancha • espinacas
Merienda	• Una taza de té ligero o una tisana
Cena	• Lechuga • pasta al ajo, aceite y guindilla
Antes de acostarse	• Una pieza de fruta
Desayuno	• Albaricoques • Un vaso de leche con dos cucharadas de copos de cereal
Media mañana	• Una tisana
Almuerzo	• Ensalada verde • ensalada de habas • cebollas hervidas
Merienda	• Fruta fresca
Cena	• Ensalada de espárragos; risotto al azafrán
Antes de acostarse	• Tisana
Desayuno	• Tisana de diente de león (si es posible fresco) • una rebanada de pan integral con miel
Media mañana	• Yogur
Almuerzo	• Abundante ensalada mixta cruda • tortilla a las hierbas • verdura cocida
Merienda	• Fruta fresca del tiempo
Cena	• Ensalada • mijo con coles de Bruselas (u otra verdura)
Antes de acostarse	• Tisana

APÉNDICE

Desayuno	• Postre de fruta
Almuerzo	• Ensalada mixta y queso fresco • verduras a la plancha
Merienda	• Biscotes integrales • tisana o té ligero
Cena	• Ensalada de canónigo • patatas nuevas hervidas con su piel • fruta cocida
Antes de acostarse	• 1 vaso de agua

VERANO

Desayuno	• Muesli
Almuerzo	• Ensalada mixta
Merienda	• Yogur o fruta fresca
Cena	• Verdura cruda y cocida con pescado
Antes de acostarse	• Tisana
Desayuno	• Muesli
Media mañana	• Tisana
Almuerzo	• Calamares en ensalada
Merienda	• Fruta fresca
Cena	• Gazpacho con tostaditas de pan; • Ensalada de patata hervida o al horno
Antes de acostarse	• Tisana
Desayuno	• Fruta fresca como sandía o melón
Media mañana	• Yogur
Almuerzo	• Ensalada mixta • pimientos al horno
Merienda	• Tisana de carcadé
Cena	• Macedonia de fruta fresca • Menestra tibia de cebada y verdura
Antes de acostarse	• Agua con zumo de limón

OTOÑO

Desayuno	• Muesli
Media mañana	• Tisana
Almuerzo	• Ensalada Nizza al gusto • Verdura cocida
Merienda	• Fruta fresca
Cena	• Ensalada de escarola • Menestra con arroz
Antes de acostarse	• Tisana
Desayuno	• Copos de cereales con nueces y leche
Media mañana	• Fruta fresca (palosanto o kiwi)
Almuerzo	• Ensalada mixta • Estofado de cordero
Merienda	• Té con biscotes integrales
Cena	• Zanahoria rallada • Pastel de patatas y apio
Antes de acostarse	• 1 manzana
Desayuno	• Fruta de estación
Media mañana	• Tisana con biscotes
Almuerzo	• Verdura mixta cruda • Pescado a la plancha • Verdura cocida
Merienda	• Yogur
Cena	• Ensalada verde • Panochas de maíz al horno
Antes de acostarse	• 1 manzana

Desayuno	• Pan integral con pasta de aceitunas
Media mañana	• Zumo de fruta
Almuerzo	• Ensalada «color otoñal» • Menestra de lentejas
Merienda	• Café de cebada • Algunas avellanas
Cena	• Ensalada verde • Pasta con brécol
Antes de acostarse	• Fruta de estación

INVIERNO

Desayuno	• Muesli
Media mañana	• Fruta fresca
Almuerzo	• Ensalada mixta • Puerros gratinados
Merienda	• Una tisana • Algunas nueces
Cena	• Ensalada de alcachofas • Pasta con puntas de nabo
Antes de acostarse	• Tisana
Desayuno	• Porridge (cereales cocidos) y fruta cocida
Media mañana	• Tisana
Almuerzo	• Ensalada de garbanzos al gusto • Guiso de alcachofas
Merienda	• Un zumo
Cena	• Ensalada de zanahoria y coliflor • Arroz con azafrán
Antes de acostarse	• Tisana

Recetas bien combinadas para las cuatro estaciones

PRIMAVERA

Ensalada picante

Preparación: 15 minutos
Ingredientes (para cuatro personas):
- 2 pimientos verdes • 1 puñado de berros • 1 puñado de brotes de soja
- 2 manojos de rábanos • 1/2 kg de setas • 2 cebolletas • 1 diente de ajo
- sal marina integral • aceite.

1. Lava los pimientos, berros, brotes de soja y cebolletas y déjalos escurrir bien. Corta los pimientos en aros y las cebolletas en juliana.
2. Limpia y lava los rábanos, córtalos en lonchitas. También se puede utilizar en la ensalada las hojas internas más tiernas de los rábanos.
3. Limpia las setas, eliminando con un cuchillo bien afilado toda huella de tierra y eventuales golpes. Corta en lonchas.
4. Pela y pica el ajo.
5. Une todos los ingredientes y condimenta, mezclando cuidadosamente.

VARIANTE. Se pueden sustituir los brotes de soja con otros brotes preparados en casa, como por ejemplo semillas de lenteja o alfalfa, o semillas de mostaza (de sabor picante y suave efecto laxante). En lugar de las setas, se puede utilizar una ensalada del tiempo.

UN CONSEJO MÁS. Los rabanitos, a causa de su intenso aroma, tienden a hacerse «recordar» después de las comidas. Para reducir los síntomas, debes comerlos al iniciar la comida, especialmente si se comen también las hojas más tiernas. Los rabanitos favorecen el drenaje linfático y renal.

Ensalada de habas

Preparación: 30 minutos
Ingredientes (para cuatro personas):
- 1 kg de habas frescas (pequeñas y tiernas) • 2 cebolletas • 2 tomates
- 2 tronchos de apio • cebollino, tomillo fresco u otra hierba aromática
- sal marina integral • limón • aceite.

1. Pela las habas y límpialas con un paño seco o apenas húmedo.
2. Después pela las cebolletas, los tomates y los apios, lávalos y córtalos en cubos o rodajas.
3. Lava y corta finamente las hierbas aromáticas.
4. Condimenta y cubre, dejando que coja sabor durante unos 10 minutos.

VARIANTE. Puedes cortar las habas en lonchitas diagonales para permitir que coja mejor el gusto de los condimentos. En lugar de las habas, que pueden tener un gusto muy acentuado, se pueden utilizar guisantes frescos de primavera, que son más dulces y suaves. Sin embargo, sólo en esta estación se puede comer alguna legumbre cruda.

UN CONSEJO MÁS. Con las legumbres, usa siempre abundantes hierbas aromáticas. Éstas mejoran la digestibilidad y el valor nutritivo.

Tortilla a las finas hierbas

Preparación: 30 minutos
Cocción: 6-8 minutos
Ingredientes (para cuatro personas):
- 4-6 huevos (según su tamaño) • 1 cucharadita de al menos tres hierbas distintas: perejil, cebollino, eneldo, mejorana, basilisco, tomillo, a escoger • sal marina integral
- un poco de aceite o mantequilla, para untar la sartén.

1. Casca los huevos en un cuenco.
2. Agrega la sal y bate bien con un tenedor.
3. Lava y tritura todas las hierbas. Incorpora los huevos.
4. Unta la sartén con un poco de aceite o mantequilla, coloca la preparación con una tapa y deja freír a fuego lento sin remover. Cuando se cuaje estará lista para ser servida.
5. Coloca en un plato precalentado.

VARIANTE. Si la deseas algo más tostada, fríela de ambos lados, aunque la tortilla resultará más ligera y digestible si no lo está tanto. Muévela delicadamente con una paleta de madera para que no se pegue, y sólo en ese momento, agrégale las hierbas aromáticas que de este modo estarán más verdes y crujientes.

UN CONSEJO MÁS. Los huevos son ideales en primavera: son más abundantes y gustosos (al menos en las gallinas criadas en semilibertad) y más aconsejables para nuestra salud. Para estar seguros de que estén bien frescos, métolos en agua salada: si se van al fondo son frescos; si flotan parcialmente, al menos han sido puestos hace una semana.

Postre de fruta

Preparación: 20 minutos
Ingredientes (para cuatro personas):
- 200 g de fresas frescas ● 200 g de kiwi ● 1/2 litro de yogur bastante sólido
- miel ● gelatina en hojas o agar agar, según los gustos.

1. Bate el yogur con la miel necesaria para endulzarlo al gusto.
2. Si es muy espeso, no utilices ningún aditivo. De otra forma, escoge alguno, según el gusto, y añádelo al yogur. Colócalo en la nevera para hacerlo solidificar.
3. Lava las fresas, límpialas y córtalas en gajos.
4. Pela y corta el kiwi a lonchitas.
5. Coloca en un cuenco, alternando una capa de yogur con otra de fruta.

Esta crema es adecuada como merienda, desayuno o como desayuno/almuerzo, por ejemplo el domingo. La palabra postre no debe inducir a consumirlo al final de la comida: ¡degústalo siempre solo!

VARIANTE. En lugar de las fresas, se pueden utilizar arándanos: son más perfumados y ricos en sales minerales. En lugar del yogur, se puede utilizar requesón, agregando un poco de leche, según sea necesario, y batiendo con rapidez, pasando luego por un cedazo para obtener una preparación más cremosa.

UN CONSEJO MÁS. Las fresas tienen la propiedad de ser remineralizantes, depurativas y desintoxicantes, ideales para «limpiar» el organismo, en primavera.

VERANO

Muesli

Preparación: 3-10 minutos (según los ingredientes)
Ingredientes (para una persona):
- 2-4 cucharaditas de copos de cereal (cebada, arroz, mijo, avena, maíz, trigo, centeno, etcétera) • leche, yogur o zumo de fruta no azucarada, *para dar cuerpo a la preparación* • fruta fresca del tiempo • miel o jarabe de arce o concentrado de pera, *para endulzar* • uvas pasas u otra fruta seca: almendras, piñones, nueces, avellanas, pipas de girasol u otras • requesón fresco • aromatizantes como canela, anís, clavos de especia.

1. Mezcla los cereales con el líquido.
2. Prepara la fruta picada o cortada en gajos,
3. Desmenuza, si fuera necesario, las semioleosas.
4. Mezcla todos los ingredientes y endulza al final.

VARIANTE. Son particularmente gustosos los copos frescos, preparados en casa con un pequeño aparato, decorativo y poco costoso. Además, se puede moler una tacita de cereales con una picadora doméstica u otro aparato electrodoméstico, y ponerla en remojo con un poco de agua, obteniendo así un muesli «rústico» y sabroso. Por otro lado, los cereales se pueden hacer germinar fácilmente (en un pequeño germinador doméstico o simplemente en un plato), consumiendo así un muesli particularmente vitamínico y de sabor fresco.

UN CONSEJO MÁS. El muesli es un alimento ligero pero muy completo que, sin ser pesado, transmite una sensación de saciedad y energía durante horas. Si te encuentras inapetente en los días cálidos, un plato nutritivo puede ser consumido con mayor gusto a primera hora de la mañana. Además, el muesli se presta a ser utilizado como comida rápida o cena, o para los niños, como merienda.

Calamares en ensalada

Preparación: 15 minutos
Cocción: 20 minutos
Ingredientes (para cuatro personas):
　● 500-700 g de calamares ● 6 tomates ● 4 pimientos ● aceitunas ● ensalada verde al gusto ● aceite de oliva extravirgen ● sal marina integral ● zumo de limón ● ajo y guindilla, al gusto ● melisa.

1 Limpia los calamares (si ya no se han comprado limpios).
2 Sumerge en agua no salada, cuece y sala sólo después del último hervor.
3 Escurre y corta en aros los calamares.
4 Limpia, lava y corta la verdura, une todos los ingredientes y condimenta.

VARIANTE. En lugar de los calamares, puedes utilizar sepia. ● Si los has adquirido congelados, descongélalos en el frigorífico, y luego cuécelos de inmediato en agua hirviendo, para que no pierdan su sabor.

UN CONSEJO MÁS. El pescado, de digestión mucho más fácil que la carne, se presta de modo particular como plato estival. Los calamares se pueden ablandar un poco con un truco infalible: mete un corcho en el agua de cocción, o una patata pequeña.

Pimientos al horno

Preparación: 30 minutos
Cocción: 15 minutos en el fuego, más 15 minutos de horno, más unos instantes para gratinar el queso
Ingredientes (para cuatro personas):
- 700 g de pimientos rojos, verdes y amarillos ● 500 g de calabacines ● 500 g de berenjenas ● 1 cebolla gruesa ● 300 g de queso al gusto: emmental, gouda u otro (*evita los quesos «fundidos»*) ● 1 taza de leche fresca ● sal marina integral ● nuez moscada ● hierbas aromáticas al gusto ● aceite o mantequilla para untar.

1. Lava y pela toda la verdura, córtala en tiras no muy pequeñas.
2. Hierve la verdura con muy poca agua en una cazuela tapada o bien al vapor. Sala al final.
3. Ralla 50 g de queso, o bien córtalo en lonchitas y fúndelo en leche tibia, sin hacer hervir la preparación. Condimenta.
4. Unta una fuente para horno y coloca la verdura, bañándola con la salsa de leche y queso.
5. Introduce en el horno bien caliente y cuece hasta que la preparación esté lista (unos 15 minutos).
6. Decora con el queso sobrante, en lonchas o tiras, y gratina unos instantes. El queso debe fundirse ligeramente, sin cocerse para formar una crosta.

VARIANTE. En lugar del queso se pueden utilizar huevos batidos. Puedes sustituir la verdura de esta receta por una mezcla de cebollino, espinaca y otras verduras de hoja. El sabor del plato se enriquecerá utilizando verduras silvestres, como acederilla, llantén, bardana, silene, verdolaga, ortiga, borraja y otras.

UN CONSEJO MÁS. Este plato en frío es también muy bueno. Una vez cocido, evita recalentarlo para no hacerle perder parte de su valor nutricional.

OTOÑO

Ensalada Nizza

Preparación: 15 minutos
Cocción: 10 minutos para los huevos
Ingredientes (para cuatro personas):
- 1 col china ● 1 lechuga romana ● 1 pimiento ● 3 tomates ● rábano blanco o negro, o rabanitos ● aceitunas negras ● 4 huevos duros ● hierbas aromáticas al gusto (orégano, tomillo, mejorana, basilisco, perifollo, etcétera) ● sal marina integral ● aceite de oliva extravirgen ● 1 cucharadita de vinagre de manzana o de zumo de limón.

1. Limpia y lava toda la verdura, escúrrela y seca los tomates y pimientos con un paño o papel de cocina.
2. Hierve los huevos. Enfría, descascara y corta en cuartos.
3. Quita el hueso a las aceitunas y córtalas en trozos.
4. Lava, escurre y pica finamente las hierbas aromáticas.
5. Separa las hojas groseramente, a mano, de la ensalada. Corta los tomates, pimientos y rábanos o rabanitos en trozos o tajadas.
6. Mezcla los ingredientes y condimenta. Sirve de inmediato.

VARIANTE. En lugar de huevo se pueden usar trozos de queso fresco, o gambas. Esta ensalada se presta perfectamente para el acompañamiento de casi cualquier plato. Si éste es amiláceo, renuncia al vinagre o zumo de limón.

UN CONSEJO MÁS Para que no estallen los huevos al hervirlos, practica un pequeño orificio con un alfiler en la cáscara. Se puede manipularlos más fácilmente si los cortas en dos, con un cuchillo afilado y de un golpe seco. Después, coge los medios huevos con una cuchara de sopa.

Estofado de cordero

Preparación: 30 minutos
Cocción: 1 hora
Ingredientes (para cuatro personas):
- 500 g de carne de cordero magra, deshuesada
- 4-5 cebollas
- 4 tomates
- 3 pimientos
- 1 troncho de apio y otras verduras otoñales como: apio nabo, nabo, zanahoria
- 1 cucharada de aceite de oliva
- sal marina integral
- guindilla, romero, salvia, comino, nuez moscada, ajo al gusto

1 Quita la grasa a la carne y, si es posible, elimina los huesos (o pide al carnicero que lo prepare todo). Corta en trozos .
2 Cocina con un diente de ajo, la guindilla y la cebolla picada.
3 Quita las hojas, lava y corta las otras verduras. Agrégalas a la carne.
4 Cocina a fuego suave y agrega la sal y las hierbas aromáticas sólo al final de la cocción.

VARIANTE. Este plato también resulta apetitoso si es más caldoso. Si el líquido de la verdura no es suficiente, puedes agregar un poco de caldo vegetal o vino blanco, hacia el final de la cocción. Las setas mejoran su sabor, sobre todo si son silvestres.

UN CONSEJO MÁS. La unión de ajo y guindilla aporta una sustancia desinfectante y antioxidante. Además, hace más «cálido» este plato otoñal, y cubre eventualmente el sabor «selvático» del cordero.

Panochas de maíz al horno

Preparación: 5 minutos
Cocción: 40-50 minutos
Ingredientes (para cuatro personas):
- 4 panochas de tamaño medio pero dulces y frescas
- 1 trozo de rábano picante
- 1 diente de ajo
- sal marina integral
- pimienta
- 1 cucharadita de mostaza picante
- 1 manojo de perejil
- 3 cucharadas de aceite

Opción: papel de aluminio en la fuente del horno

1 Elimina las hojas y la eventual «barba» de las panochas. Lava cuidadosamente bajo el agua del grifo con un cepillo y deja secar bien.
2 Ralla el rábano, maja el ajo, lava y pica el perejil.
3 Saltea el rábano con aceite y agrega los otros ingredientes a la salsa.
4 Coloca las panochas, de dos en dos, sobre papel de aluminio o en una fuente de horno. Vierte encima toda la salsa. Cubre con el papel y cierra bien.
5 Introduce en el horno caliente a 220 °C y deja cocer durante 40-50 minutos.
6 Sirve bien caliente, eventualmente con otro poco de salsa.

VARIANTE. De este mismo modo, se pueden preparar patatas al horno. Practica una incisión en el centro e introduce un poco de salsa. Puede abreviarse el tiempo de cocción en el horno si se dejan las panochas en agua ligeramente salada durante unos 10 minutos, mientras se prepara el papel de aluminio.

UN CONSEJO MÁS. Es un plato que no debe ser consumido con demasiada frecuencia, pues produce un efecto de hipotiroidismo, y consecuentemente hace más lento el metabolismo. Aunque si se consume ocasionalmente, no crea ningún problema, pues es un plato nutritivo, reconstituyente y ligero.

Ensalada «color otoñal»

Preparación: 15 minutos
Ingredientes (para cuatro personas):
- 3 remolachas crudas de tamaño medio ● 1 apio nabo de tamaño medio
- 200 g de zanahorias ● 1 rábano ● 1 manzana pequeña y ácida
- 3 cucharadas de yogur al gusto ● 1 diente de ajo y/o 1 cebolla pequeña
- sal marina integral ● 1 cucharada de zumo de limón ● aceite de oliva extravirgen
- guindilla

1 Pela las remolachas y el apio nabo.
2 Limpia bajo el agua del grifo las zanahorias y el rábano.
3 Lava cuidadosamente la manzana y quita el cabo.
4 Prepara la salsa: debe estar lista para poderla servir apenas se haya rallado la verdura, para así evitar que el apio y la manzana se ennegrezcan.
5 Corta todos los ingredientes en «cerillas» o simplemente pásalos por el rallador. Sírvelos de inmediato.
6 Si esperas a servir la ensalada, ésta tenderá a teñirse de rojo, a causa de la remolacha. Elige, por tanto, un color lleno o tonalidades difusas.

VARIANTE. Naturalmente, se puede elaborar esta ensalada con la remolacha cocida, más fácil de encontrar en el mercado. Pruébala cruda, ya que tiene un sabor más fresco, un poco menos dulce y naturalmente con un mordiente mejor, similar al de la zanahoria.

UN CONSEJO MÁS. Como finaliza la estación, se tiende sobre todo a olvidarse de la verdura cruda y la ensalada. Cada una de las estaciones es rica en verduras características, que le dan un color propio a cada estación específica. El apio nabo es llamado el «ginseng europeo» por su rico aporte de micronutrientes importantes. La remolacha, especialmente si se come cruda, es también considerada como citostática (útil en la prevención de los tumores).

INVIERNO

Puerro gratinado

Preparación: 5 minutos
Cocción: 30-40 minutos para el puerro, más unos instantes para gratinar
Ingredientes (para cuatro personas):
- 1 kg de puerros • 100 g de queso (danés o mouzzarella) • 1/2 taza de leche
- sal, paprika, nuez, moscada • 1 cucharada de zumo de limón, aceite de oliva extravirgen, guindilla.

1. Limpia y lava cuidadosamente los puerros. Corta los tronchos a unos 15 cm de longitud.
2. Cuece los puerros en poca agua o al vapor. Sala solamente hacia el final de la cocción.
3. Ralla un trozo de queso y funde en leche tibia.
4. Unta una fuente de horno. Coloca los puerros en la fuente, cubre con la crema de queso y dispón el resto del queso, cortado en lonchas o rallado.
5. Espolvorea ligeramente con nuez moscada y paprika.
6. Gratina al horno hasta que el queso se funda. Sirve de inmediato.

VARIANTE. Esta receta puede realizarse casi con cualquier tipo de verdura de la estación: patata, nabo, o una mezcla de éstas (brécol, apio nabo, zanahoria...).

UN CONSEJO MÁS. Los puerros poseen numerosas virtudes: son muy digestibles, diuréticos, algo laxantes y antisépticos. Son particularmente apreciados en caso de resfriados.

Ensalada de garbanzos

Preparación: 15 minutos (más unas horas para remojar los garbanzos)
Cocción: 30-40 minutos
Ingredientes (para cuatro personas):
- 750 g de garbanzos secos
- 500 g de judías verdes (pueden ser congeladas)
- 2 tomates
- 1 cebolleta
- brotes frescos al gusto
- sal marina integral
- 1 puñado de perejil
- 4 cucharadas de yogur
- 7 cucharadita de zumo de limón
- 6 cucharadas de aceite de oliva extravirgen
- 1 diente de ajo
- una ramita de menta

1. Pon en remojo los garbanzos en abundante agua, durante unas horas o una noche entera. Si es posible, cambia el agua una o dos veces.
2. Cuece en la fuente del horno: unos minutos a fuego vivo, después a fuego moderado, aproximadamente una hora.
3. Pon las judías en agua hirviendo, si es posible agregando un ramito de levístico, y cuece al dente (deben quedar algo duritas). Sala hacia el final de la cocción.
4. Limpia y lava la cebolleta y córtala en rodajas.
5. Lava los tomates, sécalos y córtalos en gajos.
6. Lava y pica las hierbas aromáticas, mezclándolas con sal, aceite, limón y yogur hasta formar una crema fluida.
7. Junta todas las verduras (los garbanzos y las judías pueden estar aún tibias) y vierte por encima la crema, de modo que los comensales puedan ver cada uno de los ingredientes por separado, y mezclarlos después en su plato.

VARIANTE. En lugar de garbanzos podemos usar también judiones, o judías blancas o pintas. En lugar de las judías verdes vienen bien los guisantes. Usa tomates sólo si son algo verdes, duritos. De otra forma, colorea el plato con zanahorias o remolacha. Los garbanzos son diuréticos y muy ricos en sales minerales.

UN CONSEJO MÁS. Busca los tomates en rama. Son los únicos que resisten a la intemperie durante los meses más fríos.

Nieve de manzana

Preparación: 15 minutos
Ingredientes (para cuatro personas):
- 150 g de manzana • 1 clara de huevo • 1/2 hoja de gelatina, o agar-agar
- 1 cucharadita de miel • 1 cucharadita de zumo de limón • fruta fresca para la decoración

1. Pela las manzanas, redúcelas a puré en la picadora o con un rallador fino.
2. Mezcla de inmediato con el zumo de limón, para evitar que se ennegrezca.
3. Endulza al gusto.
4. Incorpora el espesante (gelatina o agar-agar) en un poco de agua y mezcla con la manzana.
5. Monta la clara de huevo a punto de nieve y mezcla muy delicadamente con la preparación anterior.
6. Coloca en una copa transparente y decorada con fruta fresca. Sirve frío.

VARIANTE. La manzana puede estar ligeramente cocida al vapor o con un poco de agua; en este caso será más dulce, perdiendo su característico sabor fresco y acídulo. En lugar de manzana, puede realizarse la receta con otra fruta.

UN CONSEJO MÁS. Si el ansia de dulces te ha creado un problema de peso, prueba a recurrir más a menudo a este tipo de postre. Verás cómo te gratifica, sin que aumentes de peso. Se puede utilizar esta «nieve de manzana» como desayuno, merienda o, si no se tiene mucho apetito, como una comida ligera. Normalmente, no terminamos las pastas con un dulce o fruta, pero podemos consumirlo aparte, lo que provocará una digestión más rápida y placentera. La manzana, por ejemplo, tal como la presentamos en la receta de esta página, puede constituir una excepción, una especie de comida proteica.

Más información

Si estás interesado en profundizar sobre los temas tratados en este libro y, en general, sobre las compatibilidades alimentarias, te ofrecemos unas cuantas referencias bibliográficas sobre estas cuestiones.

Compatibilidades alimentarias

G. DALLA VIA, *Las combinaciones alimenticias*, Ibis, Barcelona.
　Un manual sobre la asociación de los alimentos para comer de forma sana y natural. Con la aplicación de las sugerencias de este libro se evitará cansar al organismo con la sobrealimentación, las toxinas y el cansancio después de las comidas.

H. M. SHELTON, *La combinación de los alimentos*, Puertas Abiertas/Obelisco, Barcelona.
　Este libro es el fruto de más de 60 años de actividad desarrollada por el autor en el campo de la alimentación, dedicado a curar a miles de personas atacadas por trastornos gástricos y enfermedades muy diversas. Un magnífico manual.

Désiré MÉRIEN, *Las claves de la nutrición*, Ibis, Barcelona.
Compatibilidades, asociaciones y modulaciones alimenticias, una introducción a las tesis de la llamada «higiene vital».

D. Grant, J. Joice, *Alimentos incompatibles*, Edaf, Madrid.
Sobre alimentación y, en particular, sobre la alimentación natural.

E. y C. Aubert, *Gran Libro de la Cocina Natural*, Ibis, Barcelona.
Teoría y práctica de una alimentación sana, completa y apetitosa. El libro más completo sobre alimentación natural, con 20 tablas, 200 diagramas explicativos y cientos de recetas de la gran tradición alimentaria y la dietética más avanzada.

R. Kunz Bircher, *Guía de la salud natural Bircher*, Martínez Roca, Barcelona.
La autora, hija del médico suizo famoso por desarrollar el muesli, propone una serie de remedios y recetas terapéuticas naturistas. Y de la misma autora: *Nuevo libro de cocina y dietética*, Rialp, Madrid.

H. Hoffer, M. Walker, *Supersalud*, Pax México, México D. F.
Las vitaminas y las sales minerales son elementos vitales para nuestro organismo y su ingestión equilibrada pueden curar las enfermedades de nuestro siglo.

R. Vergini, *Curarse con el magnesio*, Ibis, Barcelona.
Un libro que explica cómo interviene el magnesio en nuestro organismo y cómo aprovechar sus prodigiosas propiedades.

Gayelord Hauser, *Mi método dietético*, Bruguera, Barcelona.
«No es un libro como los demás: es el pasaporte para un nuevo modo de vida.» Con estas palabras, el autor presenta alguna de las dietas que ha estudiado para vivir mucho tiempo con buena salud, previniendo los problemas típicos del envejecimiento.

C. Pecchiai, *Per una alimentazione sana e naturale*.
La eubiótica: una nueva técnica de alimentación. He aquí una colección de artículos y publicaciones de uno de los padres de la

alimentación natural en Italia. Se puede pedir al Centro de Eubiótica Umana con sede en Ospedale dei Bambini di Milano, via Castelvetro 32, tel. 02-3490851.

A. CECCHINI, *Manual práctico del naturismo*, De Vecchi, Barcelona.
Un libro muy práctico donde se consideran los alimentos de una forma analítica y meditada.

L. HOURDEQUIN, *Cronobiología alimentaria*, Ibis, Barcelona.
Un libro que nos explica cómo armonizar nuestra alimentación con los ritmos solares y lunares.

Alimentación natural para los niños

Paloma ZAMORA, *La alimentación infantil natural*, Oasis, Barcelona.
Un monográfico «Integral» repleto de datos, recetas y vistosos menús vegetarianos.

Tiziana VALPIANA, *Alimentación natural del niño*, Ibis, Barcelona.
De la lactancia a la edad escolar.

Montse BRADFORD, *La alimentación de nuestros hijos*, Océano Ámbar, Barcelona.
Del embarazo a la adolescencia.

Dietas desintoxicantes

L. CHAITOW, *Cómo conservar la salud en un mundo contaminado*, Plaza & Janés, Barcelona.
Un ágil manual que propone un programa individual para mejorar de forma eficaz y rápida la calidad y el estilo de vida.

Doctor Soleil, *Aprenda a desintoxicarse*, Ibis, Barcelona.
Dietas, ayunos y métodos para la desintoxicación alimentaria.
Regine Durbec, *Curas para las cuatro estaciones*, Ibis, Barcelona.
Para cada dolencia existe un método de desintoxicación adecuado que conduce a la regeneración y la salud.

K. A. Beyer, *La cura de savia y zumo de limón*, Obelisco, Barcelona.
Un sistema natural para adelgazar y desintoxicar el cuerpo.

Sobre el ayuno como terapia

A. Cott, *El ayuno: una nueva forma de vivir*, Altalena, Madrid.
Versión resumida de *Fasting, the ultimate diet*, el best-seller norteamericano, muy útil como enfoque general. Con 250 recetas, desde las más simples a las más elaboradas, que conjugan las exigencias de la salud con las de la buena mesa.

Enric Ser, *Ayuno controlado*, Ibis, Barcelona.
Técnicas de ayuno y semiayuno controlado, una técnica preventiva que permite eliminar los detritus y regenerar los órganos.

Alteraciones psicológicas relacionadas con la alimentación

M. Bergeron, *Desarrollo psicológico del niño*, Morata, Madrid.

W. Dyer Wayne, *El cielo es el límite*, Grijalbo, Barcelona.

A. Miller, *El drama del niño destetado*, Tusquets, Barcelona.

R. Norwood, *Las mujeres que aman demasiado*, J. Vergara, Buenos Aires.

S. Orbach, *Agriculce*, Grijalbo, Barcelona.

R. Spitz, *El primer año de vida del niño*, Aguilar, Madrid.

M. Woodman, *Adicción a la perfección*, Luciérnaga, Barcelona.

Sobre determinados ingredientes

G. Dalla Via, *La soja*, Ibis, Barcelona.

J. L. Darigol, *Los cereales para tu salud*, Cedel, Barcelona.

J. L. López Larramendi, *El ajo*, Edaf, Madrid.

Uso de grasas en la alimentación

M. Odent, *La salud y los ácidos grasos esenciales*, Urano, Barcelona.
Qué son, dónde se encuentran, cómo integrarlos en una alimentación sana. Una guía práctica y completa.

C. Kousmine, *¡Salve su cuerpo!*, Javier Vergara, Buenos Aires.
Sugiere cómo prevenir y curar las enfermedades modernas interviniendo en las costumbres alimentarias.

F. Fossas, *Vivir sin grasas*, Océano Ámbar, Barcelona.
Explora la manera más inteligente de nutrirse de manera más equilibrada y saludable.